国家通用语言文字生活口语系列教材

美 好

4

邱涛　主编

于淼　王磊　朱学佳　编著

北京语言大学出版社
BEIJING LANGUAGE AND CULTURE
UNIVERSITY PRESS

© 2023 北京语言大学出版社，社图号 23007

图书在版编目（CIP）数据

美好．4 / 邱涛主编；于淼，王磊，朱学佳编著
． -- 北京：北京语言大学出版社，2023.2
ISBN 978-7-5619-6232-9

I . ①美… II . ①邱… ②于… ③王… ④朱… III .
①汉语－少数民族教育－教材 IV . ① H19

中国国家版本馆 CIP 数据核字（2023）第 021670 号

美好 4
MEIHAO 4

排版制作：北京创艺涵文化发展有限公司
责任印制：周　燚

出版发行：北京语言大学出版社
社　　址：北京市海淀区学院路 15 号，100083
网　　址：www.blcup.com
电子信箱：service@blcup.com
电　　话：编 辑 部　8610-82303390
　　　　　发 行 部　8610-82303650/3591/3648
　　　　　北语书店　8610-82303653
　　　　　网购咨询　8610-82303908
印　　刷：北京鑫丰华彩印有限公司

版　　次：2023 年 2 月第 1 版　　印　　次：2023 年 2 月第 1 次印刷
开　　本：787 毫米 × 1092 毫米　1/16　　印　　张：16
字　　数：160 千字
定　　价：52.00 元

PRINTED IN CHINA
凡有印装质量问题，本社负责调换。售后 QQ 号 1367565611，电话 010-82303590

编 写 说 明

　　语言是人类进行沟通表达的方式和工具，在社会生活中具有举足轻重的地位。我国幅员辽阔，人口众多，具有多民族、多语言、多方言、多文种等特点。推广普及国家通用语言文字是增进民族间、地区间交往，促进经济文化等各项事业发展的必要条件，是国家"十三五"规划的具体要求，也是提升国家文化软实力、助力脱贫攻坚的迫切需要。党的二十大报告中也指出，要"加大国家通用语言文字推广力度"。在这样的背景下，北京语言大学出版社专门为边疆地区群众策划开发了国家通用语言文字学习教材《美好》。教材名称意为为了更美好的生活、更美好的自己努力学习。"人民对美好生活的向往，就是我们的奋斗目标。"①

一、教材体例

《美好》系列教材共 4 册：

第 1 册主要学习家庭成员间的交际用语；

第 2 册主要学习庭院中的交际用语；

第 3 册主要学习庭院外、村镇内的交际用语；

第 4 册主要学习村镇外、城市里的交际用语。

　　学习内容由家庭逐渐走向更广阔的社会，符合城市化进程。词语、语法、句型的难度逐册上升。每一册设有 10 个"美好知识窗"，注重对国情、传统文化、社会发展新面貌等内容的介绍。

　　每一册共 10 个单元，每个单元是一个大的话题。每个单元有 5 课，每课

---

　　① 摘自习近平《人民对美好生活的向往，就是我们的奋斗目标》(2012 年 11 月 15 日)，载《十八大以来重要文献选编》(上)，中央文献出版社，2014 年版。

是一个小的话题。每册共 50 课（第 1 册另有 5 个预备课，共 55 课）。按一周 3 课时的进度，每一册可学习约半年，4 册可供学习两年。

二、学习目标

学完第 1 册可进行基本的日常生活交流，能用国家通用语说出日常物品的名称，表述日常基本动作行为，可认读约 500 个字（会用手机打字），会写约 150 个字；

学完第 2 册可在家中接待来客，说出较复杂的语句，可认读约 800 个字，会写约 300 个字；

学完第 3 册可在村镇内进行社会交往，基本能无障碍地参与家庭周边的社会活动，可认读约 1200 个字，会写约 450 个字；

学完第 4 册可进行基本的城市社交活动，可认读约 1500 个字，会写约 600 个字。

三、教材特点

1.学习重点以真实生活场景会话承载，即学即用。

课文中的会话内容会出现在生活中，学习者可以马上应用。如香皂、牙膏怎么说，洗脸、刷牙怎么说，土豆、白菜怎么说，等等。

2.编排科学合理，符合语言学习规律。

内容从易到难；以模仿训练的形式学习语法；注重内容的复现，保证学习效果。

3.教授语言的同时倡导文明、美好的生活方式及理念。

如：注重衣着搭配，男人应该多分担家务，教育孩子要自立，等等。这些内容渗透在课文主人公的对话和行为中，学习者易于接受、模仿，在不知不觉中成为"更美好"的自己。

4. 注重国情知识和优秀传统文化的学习。

每一册每一个单元后专门设置了"美好知识窗",介绍国情基本知识、优秀传统文化及社会发展新面貌等内容。第 1 册主要介绍我国的国旗、国徽、国歌、首都北京等国家的基本知识,第 2 册主要介绍传统节日、二十四节气、孔子的思想等优秀传统文化,第 3 册主要介绍长城、西湖、兵马俑等名胜古迹,第 4 册主要介绍高铁、"中国梦"、"一带一路"倡议等与我国发展现状相关的内容。

5. 图文并茂,易于理解;有配套课件,便于教学。

教材图文并茂,以帮助学习者理解学习内容。教材还配有完整的课件,以辅助教师授课和学习者自学。

四、使用建议

《美好》的每个单元包括 5 课和 1 个"美好知识窗"。每课用 1 课时学习。每课包括"学词语""学会话 / 学课文""做练习"三个部分。对每一部分的处理方式建议如下:

1. 学词语

每一课都从课文中选取了一些词语,并提供两个例句供学习者体会词语的使用环境及学习常用搭配。

这一部分建议先让学习者听录音或者教师的示范朗读,然后教师领读词语,并解释词义,最后教师给出一个语境,要求学习者使用该词语说出句子,帮助他们在使用的过程中理解、记忆词语,并体会词语的语用特点。

2. 学会话 / 学课文

每个单元第 1 ～ 4 课这部分都是"学会话",第 1 、2 册"学会话"内容为单话轮对话,第 3、4 册"学会话"内容为多话轮对话,主要训练学习者的口语交际能力。教师可以先让学习者听录音或者教师的示范朗读,然后带领学习者朗读对话,并讲解对话的大意。教师可以提出一两个简单的问题,要求学习者根据对话内容作答,以检查学习者的理解情况。在完全理解对话的基础上,学习者两人一组分角色朗读对话。最后，教师要求学习者不看书，两人一组复述对话。

每个单元第 5 课这部分为"学课文"，内容为一段叙述体短文，是对前面 4 课内容的总结和概括。主要训练学习者成段表达的能力。教师同样是先让学习者听录音或者教师的示范朗读，然后带领学习者朗读短文，并讲解短文的大意。教师提出一两个简单的问题，要求学习者根据短文内容作答，以检查学习者的理解情况。在完全理解短文的基础上，学习者再朗读短文。最后，教师要求学习者不看书，复述短文内容。

3. 做练习

本套教材的练习较为丰富，可帮助学习者巩固学习效果。练习基本上包括以下几个部分：

（1）说一说

本册的这部分练习由以下三种题目组成：

a. 根据情景完成会话

这类题目给出一个和本课主题相同或相似的情景，要求学习者根据设置好的情景用从本课学到的词语完成对话。这一部分主要考查学习者对本课主题交际语的运用情况。教师可以要求学习者反复练习，以使学习者增加记忆的强度，达到脱口而出的程度。

b. 根据提示完成会话

这类题目在本课词语中选取一些交际中常用的词语，要求学习者根据上下文用这些词语完成对话练习。这部分主要考查学习者对词语搭配的掌握情况。教师可以要求学习者给出更多答案，只要联系上下文答案合理即可。

c. 分角色表演

这一部分要让学习者都参与其中，每个人都有面对全班进行对话练习的机会，以增强学习者使用国家通用语言进行表达和交际的自信心。

（2）连一连

这部分练习以词语和拼音连线的形式呈现，主要训练学习者的认字能力。

教师可要求学习者先看拼音跟读，然后将拼音与相应的词语连接起来。最后学习者展示答案，教师进行订正，并指出词语在课文中的位置，以便学习者课后查看和复习。

（3）写一写

这部分练习主要训练学习者的写字能力。

每单元第1～4课我们从"学会话"部分选取了3个字，要求学习者仿写。选字的原则为：笔画简单，构词能力强，使用频率高。

每单元第5课用给词语标拼音和看拼音写字的方式考查学习者对本单元重点字词读音和书写的掌握情况，并要求学习者在生字本上写本单元的生字，进一步巩固学习者的写字能力。

（4）做一做

这部分练习是对学习者课下复习的一种指导，目的是增加学习者使用课上所学词语和对话的机会。题目要求学习者回到家后，跟家庭成员练习对话，并通过手机，将视频、图片和相应的文字发至班级群，以便学习者之间互相学习、互相鼓励、互相督促。

（5）读一读

这部分练习的内容由名句、古诗、古文、熟语、谜语、歌谣、成语故事、新闻报道、相关知识等组成。本册主要为新闻报道和相关知识。主要目的是使学习者增加语言储备，培养语感。学习者多读、多认，可以不断增强语感，而语感的增强可以帮助学习者更好地运用国家通用语言。

（6）答一答

每单元第5课最后设置的这部分练习是对本单元学习内容的综合性考查，目的是让学习者结合自己的生活实际，运用本单元所学词语和句子进行叙述性表达。和对话练习相比，这对学习者的要求又提升了一步。

4. 美好知识窗

这部分主要是为了让学习者增加对国情的认识，加深对祖国的情感，铸牢中华民族共同体意识。学习者阅读这部分内容，也可增加对国家通用文字的认读量，增强字感，为后续学习奠定基础。此外，这部分内容也可以开阔学习者的视野，丰富学习者的知识。建议教师充分利用这部分内容对学习者进行爱国主义教育，并引导学习者观看相关图片、视频等资料，谈感想、体会等。

最后要特别提醒各位教师，《美好》掌握在您的手中，以上建议只是我们基于编写思路提出的一个参考，如何"因地制宜"地使用教材，还需要教师根据教学实际进行个性化的调整。我们衷心希望《美好》能够帮助学习者快速掌握与生活密切相关的国家通用语言，有效提高使用国家通用语言进行表达的能力，从而开启多彩的美好生活。

编者

2022 年 10 月

目　录

第1单元 高铁出行

第1课 | 票订好了吗

第1课时

学词语

词语	拼音	例句
订	dìng	①我已经订好票了。 ②我给饭馆打个电话，订一下座位。
软件	ruǎn jiàn	①请你打开手机软件。 ②买票就用12306软件，又快又方便。
剩余	shèng yú	①剩余的车票不多了，你快点儿订吧。 ②软件上剩余车票的时间都不合适，我就没买。
普快	pǔ kuài	①普快比高铁慢得多。 ②没买到高铁票，我坐的普快。
动车	dòng chē	①我们坐动车去上海。 ②你想订哪趟动车去西安？
直达车	zhí dá chē	①开往北京的直达车已经出发了。 ②坐动车比坐普快快好几个小时呢。
高铁	gāo tiě	①从北京到西安有高铁吗？ ②我一般都坐高铁，又快又舒服。
平稳	píng wěn	①高铁又快又平稳。 ②他开车开得很平稳。
出发	chū fā	①从北京到西安的高铁几点出发？ ②我们现在就出发吧，早点儿到车站。
速度	sù dù	①高铁的速度特别快。 ②这里信号不好，网络的速度很慢。

1

学会话

王丽和李刚吃完午饭后聊天儿。

王　丽：这周末咱们去西安旅行，票订好了吗？

李　刚：哎呀，这两天太忙了，我忘了。你别擦桌子了，过来跟我一起看看吧。

王　丽：行，你先把手机软件"12306"打开，我马上过来。

李　刚：你看，软件上显示剩余的票还很多呢，不用着急。

王　丽：余票是挺多，不过都是普快、动车和直达车的票，高铁的余票没多少。现在大家出行大多坐高铁，高铁又快又平稳。

李　刚：行，咱们也坐高铁。你看G307怎么样？上午9点多出发，下午3点多到达，时间挺合适的。

王　丽：嗯，我看可以。你快点儿订，我担心票很快就订光了。

李　刚：放心吧，12306订票的速度很快，马上就订好了。

做练习

一、说一说

1. 根据情景完成会话。

（在火车站售票处）

A：您好，请问到_____的_____，还有票吗？

B：_____。

A：我_____。

（在家看手机 12306 软件）

A：你帮我看看从_____到_____的_____。

B：软件上_____。

A：那你帮我_____。

2. 根据提示完成会话。

A：剩余的票还很多，你想坐什么车？_____、_____

还是_____？

B：_____，它又快又平稳。（高铁）

A：从北京到青岛的 G201 次高铁_____？（出发）

B：上午 7 点 11 分。

A：那我就_____。（订）

3. 请和你的同学一起到教室前面表演前两题的会话。

二、连一连

剩余　　　　　　　sù dù
速度　　　　　　　shèng yú
软件　　　　　　　gāo tiě
动车　　　　　　　dòng chē
高铁　　　　　　　ruǎn jiàn

三、写一写

订

件

铁

四、做一做

1.回家后请和家人模拟课文进行练习，并拍下视频发到班级群里。

2.请用手机编辑文字"到……的票订好了"发到班级群里。

3.在写字本上写本课生字。

五、读一读

连徐高铁开通

连接徐州到连云港的高铁是国家"八纵八横"高速铁路网陆桥通道的重要"一横"。这条高铁顺利通过了国铁集团验收，于2021年2月8日正式开通运营。连徐高铁西起徐州东站，东至连云港站，途经徐州经济技术开发区、铜山区、邳州市、新沂市，连云港市东海县、海州区，正线全长 180 公里，总投资 265.9 亿元，设计速度为每小时 350 公里。连徐高铁的开通运营将彻底补上中国亚欧大陆桥高铁通道的最后一块短板。这意味着从连云港至乌鲁木齐将实现高铁全线贯通，3422 公里的高速铁路通道将促进内陆地区与沿海地区的协调发展。

改编自中新网文章《连徐高铁开通在即 多视角"高清"聚焦建设过程》

扫一扫，听录音

第 1 单元　高铁出行

第 2 课 ｜ 刷身份证直接进站

第 2 课时

学词语

词语	拼音	例句
身份证	shēn fèn zhèng	①您带身份证了吗？ ②请给我看一下您的身份证。
刷	shuā	①请各位乘客后门刷卡下车。 ②进入这个博物馆需要刷身份证。
安检	ān jiǎn	①您好，请您过一下安检。 ②我们要先安检，然后才能进站。
行李	xíng li	①你把行李放到安检机上。 ②你的行李有点儿重，我帮你拿吧。
扶梯	fú tī	①咱们坐扶梯上楼吧。 ②扶梯上人很多，你们要扶好扶手。
机器	jī qì	①那个机器是做什么用的？ ②你先把东西放到这个机器上来。
危险	wēi xiǎn	①坐火车不能带危险物品。 ②前边人那么多，你别去挤了，太危险了。
屏幕	píng mù	①我的电脑屏幕不亮了，是不是坏了？ ②你看一下大屏幕，找到咱们要坐的车次。
检票	jiǎn piào	①时间到了，咱们去检票吧。 ②各位旅客，请准备好车票，我们开始检票了。

词语	拼音	例句
候车	hòu chē	①时间还早，咱们去候车室休息一下吧。 ②你看一下大屏幕，咱们在哪个检票口候车？
自动	zì dòng	①您刷完卡，这个门就自动开了。 ②走，咱们去自动检票机那儿排队。

学会话

李刚、王丽和亮亮在火车站进站口。

王　丽：我在这儿看着亮亮，你去取票吧。这是我的身份证。

李　刚：现在不用取票了，刷身份证直接进站。

王　丽：现在出行真方便！走吧，咱们去安检。

李　刚：我拿行李过安检机，你带亮亮先进去，到前面扶梯那儿等我。

亮　亮：妈妈，爸爸为什么把行李放到了那个大机器上？

王　丽：那是在安检呢。为了火车上乘客的安全，每个人的行李都要安检，看看里边有没有危险物品。

亮　亮：哦，刚才那个阿姨拿个东西在我们身上扫来扫去，也是在安检吗？

王　丽：是的。你看，爸爸安检完了，他来找我们了。

李　刚：我看了一下大屏幕，咱们在 3 号检票口候车。走吧，现在去自动检票机那儿排队。

做练习

一、说一说

1. 根据情景完成会话。

（在安检口）

A：你_____，我_____。

B：好，我们_____。

（在检票口）

A：怎么还没有人来检票？

B：这是_____。刷一下车票门就开了。

2. 根据提示完成会话。

A：你看一下大屏幕，_____？（候车）

B：5 号候车室，咱们_____。（检票口）

A：现在进站真方便，_____。（刷）

B：是啊，一会儿检票时，_____。（刷）

3. 请和你的同学一起到教室前面表演前两题的会话。

二、连一连

安检	wēi xiǎn
屏幕	zì dòng
危险	ān jiǎn
扶梯	píng mù
自动	fú tī

三、写一写

票							
刷							
检							

四、做一做

1. 回家后请和家人模拟课文进行练习，并拍下视频发到班级群里。

2. 请用手机编辑文字"咱们在……检票口候车"发到班级群里。

3. 在写字本上写本课生字。

五、读一读

扫一扫，听录音

AI 技术助力智慧交通

　　针对车辆爆发式增长导致的监管压力大、审核效率低、交通事故多发等行业痛点，科技公司依托道路交通 AI 联合实验室，运用车辆目标检测模型、物体分隔、道路场景分割等创新技术，基于千万量级数据训练，研发出各项智慧交通监管解决方案。以"机动车安全技术检验监管智能审核系统"为例，该系统替代了原先的人工检验，实现了智能自动审核，能有效减轻审核人员的工作压力，并大幅提高审核效率。该系统具有精准识别、降低人为因素影响与缩减人力资源投入等优势，可有效解决行业痛点。

改编自中国 AI 网文章《人工智能推动交通安全智能监管高速发展》

第 3 课 ｜ 要对号入座

第 3 课时

学词语

词语	拼音	例句
座位	zuò wèi	①你的座位号是多少？ ②请问，这个座位有人坐吗？
车厢	chē xiāng	①我们在 3 号车厢。 ②这节车厢里人不多。
靠	kào	①我喜欢靠窗的座位。 ②这个座位靠着门口，风有点儿大。
过道	guò dào	①你的座位靠着过道吗？ ②往里走，别在过道站着。
对号入座	duì hào rù zuò	①请大家对号入座。 ②你先对号入座，旁边的人来了，再商量换座位的事。
商量	shāng liang	①这件事需要跟你商量一下。 ②你们商量得怎么样？他愿意换座位吗？
动画片	dòng huà piàn	①他就喜欢看动画片。 ②你在火车上要戴着耳机看动画片。
打扰	dǎ rǎo	①对不起，打扰了。 ②打扰别人是非常不礼貌的。
垃圾袋	lā jī dài	①你带垃圾袋了吗？ ②我把垃圾袋放在小桌板上了。

词语	拼音	例句
零食	líng shí	①为了健康，要少吃零食。 ②你把零食拿出来，咱们边看电影边吃点儿。

学会话

李刚和王丽在火车上找座位。

李　刚：往前走，咱们的座位在 12 号车厢。

王　丽：到了。你看一下手机，咱们的座位号是多少？

李　刚：10 排 A、B 座。一个靠窗，一个在中间。

王　丽：咱们带着亮亮进进出出的，坐里边不太方便，
　　　　能不能换到靠过道的座位？

李　刚：要对号入座。等 C 座的乘客来了，我跟他商量
　　　　一下。

亮　亮：妈妈，我就想靠窗坐！

王　丽：亮亮，这是在火车上，说话、看动画片都要小
　　　　点儿声，不要打扰别人。

李　刚：好了，你们俩靠窗坐，我坐中间。这是垃圾
　　　　袋，我放在小桌板上。亮亮你一会儿吃零食，
　　　　记得把垃圾放在里边。

做练习

一、说一说

1. 根据情景完成会话。

（在电影院）

A：你看一下票，_____？

B：咱们坐在_____。

（在火车上）

A：咱们的座位是_____。

B：能不能_____？我不想靠窗坐。

2. 根据提示完成会话。

A：你喜欢坐哪个座位?_____?（靠）

B：我总上厕所，_____。（靠）

A：对不起，_____！我出去倒个垃圾。（打扰）

B：您_____，我靠过道，一会儿一起扔了。（垃圾袋）

3. 请和你的同学一起到教室前面表演前两题的会话。

二、连一连

零食　　　　　guò dào

车厢　　　　　líng shí

商量　　　　　shāng liang

过道　　　　　zuò wèi

座位　　　　　chē xiāng

三、写一写

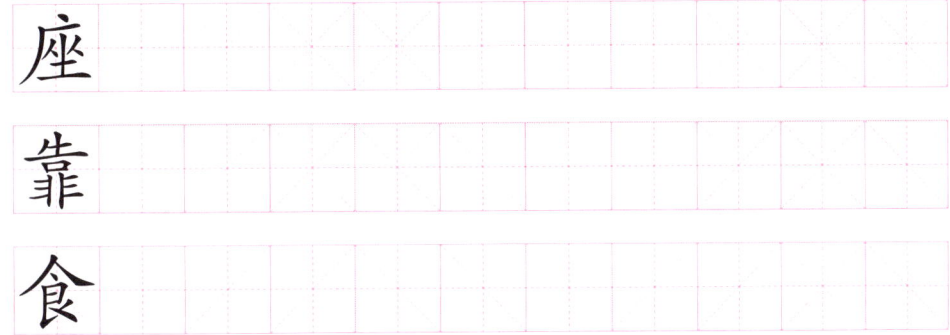

四、做一做

1. 回家后请和家人模拟课文进行练习，并拍下视频发到班级群里。

2. 请用手机编辑文字"你靠窗坐，我坐中间"发到班级群里。

3. 在写字本上写本课生字。

五、读一读

高铁霸座女被罚 200 元

　　近日，在阜阳开往上海的列车上，一女子强坐他人座位，成为最新"霸座网红"。当天，在接到投诉后，乘务人员多次劝说该女子，但她仍不配合。无奈之下，民警只好将其带回，询问得

13

知其误点后直接上了下一趟列车，然后坐在相同的位置上，并且占着不愿离开。最终，该女子被罚款200元，并被拉入铁路征信系统"黑名单"，180天内不能购买火车票。

随着高铁的发展，越来越多的人乘坐高铁出行。不过，乘客的素质参差不齐，如遇到霸座行为，乘客可以依法维权。《民法典》首次明确规定：旅客应当按照有效客票记载的时间、班次和座位号乘坐。这意味着霸座不仅要受到道德谴责，也是一种违法行为，霸座者将受到法律制裁。

改编自网易号文章《迷惑行为！高铁霸座女强坐他人座位被罚款200元》

扫一扫，听录音

第 4 课 ｜ 往出站口走

第 4 课时

学词语

词语	拼音	例句
醒	xǐng	①已经上午 10 点了，你还没睡醒啊？ ②我昨天晚上没睡好，醒了好几次。
抱	bào	①你抱着孩子先下车吧。 ②老师抱着好几本书走了进来。
落	là	①再看看，别落下东西了。 ②哎呀，我把手机落在出租车里了！
标识	biāo shí	①你看见前边那个标识了吗？ ②你按标识走就能找到出口。
出站	chū zhàn	①请问，出站口在哪儿？ ②拿好票，出站的时候还要再刷一次。
队伍	duì wu	①进站的队伍特别长，你得耐心一点儿。 ②你别着急，跟着出站的队伍往前走就行。
排	pái	①你在这儿排多久了？ ②我一大早就来了，排在第一个。
紧	jǐn	①这双鞋有点儿紧，穿着不舒服。 ②出站的人很多，你们要跟紧我，别走丢了。
宾馆	bīn guǎn	①我们已经订好宾馆了。 ②咱们下了火车就去宾馆休息。

15

学会话

火车就要到站了，李刚和王丽准备下车。

王　丽：亮亮，快醒醒。我们到啦！

李　刚：你抱着亮亮先往车门走吧，我拿行李。

王　丽：你好好收拾收拾，别落下东西。

下火车后

李　刚：你看见那个标识了吗？出站口就在那边。往出
　　　　站口走。

王　丽：别着急，跟着出站的队伍走就行。用不用我帮
　　　　你拿包？

李　刚：不用了。你把身份证给我，出站的时候，还要
　　　　再刷一次。

王　丽：给你。我看前边已经检票出站了，我们就排这
　　　　个队吧。

李　刚：行，我排前边，你们跟紧我。咱们出了站打车
　　　　去宾馆。

做练习

一、说一说

1. 根据情景完成会话。

（刚下火车）

　　A：你看，那儿有个标识，_____。

　　B：好，_____。

　　（在出站口）

　　A：人真多啊！_____。

　　B：我们换个队吧，_____。

2. 根据提示完成会话。

　　A：别睡啦，我们到站了。

　　B：好，你_____，_____。（抱、拿）

　　A：你_____。（落）

　　　A：这几条队都很长，_____？（排）

　　　B：_____，你跟紧我。（排）

3. 请和你的同学一起到教室前面表演前两题的会话。

二、连一连

醒	bīn guǎn
出站	xǐng
宾馆	chū zhàn
队伍	biāo shí
标识	duì wu

三、写一写

抱									
落									
宾									

四、做一做

1. 回家后请和家人模拟课文进行练习，并拍下视频发到班级群里。

2. 请用手机编辑文字"出站口就在那边，咱们往出站口走"发到班级群里。

3. 在写字本上写本课生字。

五、读一读

医生乘客的高铁急救经历

12月3日晚6点多，G1502次高铁列车上有乘客突发疾病。情况非常紧急，乘务员通过广播寻找医生。听到广播后，黄文闻迅速来到6号车厢，见到一名60岁左右、面色苍白的男性旅客。

"我是一名临床医生，让我看看。"黄文闻从乘务员手中接过医药盒，拿出听诊器，给该旅客检查，发现他心率偏快，血压偏高。黄文闻通过询问病史和病情，得知该旅客有心绞痛病史，服药后可好转，此次发作症状与以往相似。黄文闻找到速效救心丸让其服下。几分钟后，该旅客胸口疼痛的症状逐渐好转，面色恢复正常。一路上，黄文闻一直陪护着该旅客，密切观察他的身体状况。列车抵达终点站时，该旅客在接站亲属的陪同下，与黄文闻握手告别。

改编自腾讯网文章《苏州医生高铁上救人，这已经不是他第一次……》

扫一扫，听录音

第5课 | 旅游

学词语

词语	拼音	例句
提高	tí gāo	①大家的生活水平都提高了。 ②孩子的学习成绩提高了很多。
成为	chéng wéi	①你想成为人民教师吗? ②饭后散步已经成为很多人的日常习惯。
时尚	shí shàng	①坐高铁旅行，又方便又时尚。 ②咖啡馆里坐着很多时尚的年轻人。
旅途	lǚ tú	①祝你旅途愉快! ②旅途中会遇到什么样的问题?
陪伴	péi bàn	①父母的陪伴对孩子的成长很重要。 ②朋友陪伴我度过了美好的周末时光。
收获	shōu huò	①阅读让我收获快乐。 ②这次去上海旅游，我的收获很大。
深刻	shēn kè	①我对北京的印象非常深刻。 ②我深刻领悟了"多个朋友多条路"这句话的意思。
理解	lǐ jiě	①你能理解父母的心意吗? ②非常感谢您对我们工作的理解!
意义	yì yì	①这次全家游很有意义。 ②这条高铁对当地的发展意义重大。

词语	拼音	例句
自由	zì yóu	①小鸟自由地飞来飞去。 ②一个人旅游最大的好处就是自由。
成长	chéng zhǎng	①旅途的所见所闻让我们共同成长。 ②孩子的成长很快，一不注意就错过了。

学课文

随着生活水平的提高，节假日全家出游成为一种新的时尚。旅途中，孩子是最快乐的，因为全天24小时都能有父母的陪伴。全家游不仅会让孩子收获快乐，还会让父母深刻理解旅游的意义。

当然，除了全家游，一个人旅游也很受欢迎。一个人去旅游，最大的好处就是自由，想去哪儿就去哪儿，想什么时候出发就什么时候出发。旅途中会遇到各种各样的人，大家互相学习、共同成长。

做练习

一、说一说

1.完成会话。

（朋友之间聊旅游）

A：你为什么喜欢一个人旅游？

B：＿＿＿＿＿＿＿＿＿＿＿＿＿＿＿＿＿＿＿＿＿＿。

（父母聊孩子）

A：孩子最喜欢周末了。

B：是啊！＿＿＿＿＿＿＿＿＿＿＿＿＿＿＿＿＿＿＿＿＿。

A：听说现在全家一起旅游的人越来越多。

B：是啊！＿＿＿＿＿＿＿＿＿，＿＿＿＿＿＿＿＿＿。（提高、成为）

A：你们全家出游就是为了孩子吗？

B：不，＿＿＿＿＿＿＿＿＿，＿＿＿＿＿＿＿＿＿。（收获、理解）

2. 请和你的同学一起到教室前面表演前一题的会话。

二、写一写

1. 给下列词语标拼音。

（　　　　） （　　　　） （　　　　） （　　　　）

　　提高　　　　　　成为　　　　　　时尚　　　　　　旅途

（　　　　） （　　　　） （　　　　） （　　　　）

　　成长　　　　　　自由　　　　　　意义　　　　　　理解

（　　　　） （　　　　） （　　　　） （　　　　）

　　收获　　　　　　深刻　　　　　　陪伴　　　　　　动车

2. 看拼音写字。

　　　　shí　　　　　　jiàn　　　　　　rǎo　　　　　　liang

零（　　） 　软（　　） 　打（　　） 　商（　　）

　　bīn　　　　　　shí　　　　　　wu　　　　　　zuò

（　　）馆 　标（　　） 　队（　　） 　（　　）位

jiǎn	tiě	dào	zhàn
（　　）票	高（　　）	过（　　）	出（　　）

3. 在写字本上写本单元的生字。

三、答一答

1. 分享一次你买票、订票的经历。

2. 分享一次你取票的经历。

3. 分享一次你找座位的经历。

4. 分享一次你旅游的经历。

5. 你觉得现在出行方便吗？请举例说明。

扫一扫，听录音

23

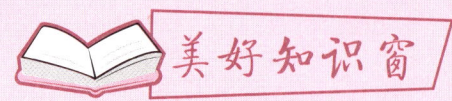

高 铁

　　高铁是指设计标准等级高、可供列车安全高速行驶的铁路系统。一般来说，高铁的设计时速为 250 公里至 350 公里。高铁的优点是载客量大，而且在全封闭环境中自动化运行，有一系列完善的安全保障系统，所以安全程度高。另外，高铁全部采用自动化控制，可以全天候运营，而且座席宽敞，减震、隔音效果好，车厢内很安静。乘坐高铁旅行既方便、快捷，又舒适、愉悦。

　　截至 2022 年末，全国高铁营业里程达 4.2 万公里。中国复兴号车组技术继续领跑世界。中欧班列一路飞驰，纵贯欧亚。高铁的发展深深影响着人们的工作和生活，中国高铁已经成为一张靓丽的中国名片。

第 2 单元　乘车问路

第 1 课 | 邮局怎么走

学词语

词语	拼音	例句
邮筒	yóu tǒng	①附近有邮筒吗？ ②学校门口有一个邮筒。
景区	jǐng qū	①这是我们这里最有名的景区。 ②这是一个旅游城市，景区特别多。
明信片	míng xìn piàn	①我买了一张明信片。 ②我把明信片寄出去了。
附近	fù jìn	①这儿附近有厕所吗？ ②学校附近有一家超市。
打听	dǎ ting	①你在这儿等着，我去打听打听。 ②您好，我打听一下，光明小学怎么走？
邮局	yóu jú	①那个邮局我经常去。 ②邮局离这儿有点儿远。
红绿灯	hóng lǜ dēng	①一直往前走，银行就在红绿灯那儿。 ②师傅，请您过了前面的红绿灯停一下，我就在那儿下车。
地下通道	dì xià tōng dào	①前边有个地下通道。 ②穿过地下通道，上去就是超市。
导航	dǎo háng	①你可以用手机导航。 ②你开车吧，我给你导航。

学会话

王丽和李刚在西安街头。

王　丽：咱们找个邮筒吧，刚才那个景区的门票是张明信片，我想寄给咱们女儿。

李　刚：这附近好像没有。你们等一下，我去问问。

……

大哥，跟您打听一下，附近有邮筒吗？

路　人：邮筒？我不太清楚。不过，离这儿不远有个邮局。

李　刚：那个邮局怎么走呢？

路　人：从这儿往前走，在第二个红绿灯那儿往右拐，再走三四百米就能看到一个地下通道，穿过地下通道，上去就是邮局。你要是记不住，可以用手机导航，那个邮局我经常去，你搜"光明路邮局"就能找到。

李　刚：太好了！谢谢您。

路　人：别客气。

做练习

一、说一说

1. 根据情景完成会话。

（在街头问路）

A：您好，跟您打听一下，附近＿＿＿＿＿＿＿＿＿＿＿＿＿＿？

B：＿＿＿＿＿＿＿＿＿＿＿＿＿＿＿＿＿＿＿。

A：谢谢您。

（在车站问路）

A：请问，去＿＿＿＿＿＿＿＿＿＿＿＿＿＿＿＿怎么走?

B：你＿＿＿＿＿＿＿＿＿＿＿＿＿＿＿＿＿＿＿。

2. 根据提示完成会话。

A：＿＿＿＿＿＿＿＿＿＿＿＿，走了好几分钟了。（地下通道）

B：别着急，＿＿＿＿＿＿＿＿＿＿＿＿。（再……就能……）

A：我们不认识路，你还是＿＿＿＿＿＿＿＿＿。（导航）

B：我＿＿＿＿＿＿＿＿＿＿＿＿＿＿＿＿呢。（搜）

3. 请和你的同学一起到教室前面表演前两题的会话。

二、连一连

打听   jǐng qū

附近   dǎo háng

邮局   fù jìn

导航   yóu jú

景区   dǎ tīng

三、写一写

景

附

局

四、做--做

1. 回家后请和家人模拟课文进行练习，并拍下视频发到班级群里。

2. 请用手机编辑文字"请问去……怎么走"发到班级群里。

3. 在写字本上写本课生字。

五、读一读

指路与城市文明

    刘先生是"老徐州"，自从爷爷那辈到徐州城经商后，他们家就一直在徐州生活、工作。对于刘先生来说，为外地人指路是每个徐州人"动动嘴就能做到的事，不算什么"。由于刘先生居住在火车站附近，因此他每天都会遇到外地人向他问路。最近一次，四五个外地来徐务工人员向刘先生打听铜牛劳务市场在哪儿，他亲自带着他们来到劳务市场。

徐州城里像刘先生这样的热心市民不在少数。知名学者汉风先生认为，为陌生人指路虽然是小事，但彰显了一座城市市民的整体素质和城市的文明程度。每一个徐州人都可以通过举手之劳来诠释"人间自有真情在"。

改编自江苏文明网文章《"问路"小细节折射出城市大文明》

扫一扫，听录音

第 2 课 ｜ 没有直达车

第 2 课时

学词语

词语	拼音	例句
站牌	zhàn pái	①这个公交站有三块站牌。 ②我看看站牌，然后告诉你应该坐哪路车。
人民	rén mín	①全国人民大团结。 ②我想去人民公园看看。
体育场	tǐ yù chǎng	①这儿附近有体育场吗？ ②人民体育场离这儿不远。
师傅	shī fu	①师傅，这趟车到市人民医院吗？ ②师傅，麻烦您在前边靠边停车。
直达	zhí dá	①从这儿可以直达火车站吗？ ②坐地铁可以直达，非常方便。
绕远儿	rào yuǎnr	①这么走有点儿绕远儿。 ②虽然绕点儿远儿，但是这条路不堵车，更快一些。
换乘	huàn chéng	①先坐 1 路车，再换乘 2 路车。 ②不用换乘，这路车直接就能到。
原地不动	yuán dì bú dòng	①下车后原地不动，直接换乘。 ②下了车可别原地不动，得往回走二百多米。
大概	dà gài	①我大概五年前来过西安。 ②坐车的话，大概要半个小时。

学会话

李刚、王丽和亮亮在公共汽车站。

王　丽：我看站牌上的车都不到人民体育场啊。

李　刚：可能没有直达车吧，我打听一下。

李　刚：师傅，您知道去人民体育场怎么坐车吗？

路　人：没有直达车，你得先坐车到鲁家村，然后再换车到人民体育场。

李　刚：好的。我看 21 路、23 路都能到。

路　人：坐 21 路的话，绕点儿远儿。你还是坐 23 路吧。

李　刚：好，下车以后直接换乘吗？

路　人：原地不动等 25 路，上车后大概再坐七站就到了。

做练习

一、说一说

1. 根据情景完成会话。

（在路边）

A：师傅，您知道＿＿＿＿＿＿＿＿＿＿＿＿＿＿＿＿＿？

B：你得先＿＿＿＿＿＿＿＿＿，然后＿＿＿＿＿＿＿＿＿。

（在车站）

A：师傅，25 路＿＿＿＿＿＿＿＿＿＿＿＿＿＿＿＿？

B：对，就在这儿换乘。

2. 根据提示完成会话。

A：请问，我想去＿＿＿＿＿＿，＿＿＿＿＿＿＿＿＿＿？（直达）

B：有，等301路，＿＿＿＿＿＿＿＿＿＿＿＿＿＿。（大概）

A：去人民公园的话，可以＿＿＿＿＿＿，＿＿＿＿＿＿吗？
（先……，然后……）

B：可以是可以，不过，＿＿＿＿＿＿＿＿＿＿。（绕远儿）

3. 请和你的同学一起到教室前面表演前两题的会话。

二、连一连

绕远儿	huàn chéng
换乘	shī fu
站牌	rào yuǎnr
大概	zhàn pái
师傅	dà gài

三、写一写

场

达

原

四、做一做

1. 回家后请和家人模拟课文进行练习，并拍下视频发到班级群里。

2. 请用手机编辑文字"下车以后原地不动换乘"发到班
级群里。

3. 在写字本上写本课生字。

扫一扫，听录音

五、读一读

天通苑开通首批巡游定制公交

线上预约缴费，最快 1 分钟响应，往返地铁站区间……天通苑近日开通首批"巡游定制公交"，短途接驳地铁 5 号线乘客，方便周边社区居民出行。

北京定制公交业务负责人詹绪春介绍，此次首批定制公交开设了两条线路，共投放 9 辆定制公交车。巡游定制公交运营车辆每车限乘 22 人，适合短途巡游接驳，实现地铁、公交接驳"短、频、快"。车内配有软包座椅、USB 充电接口等，可为通勤人士提供舒适的出行体验。与常规公交不同，巡游定制公交围绕区域内短途出行需求，按照"线上预约、按需排班、区域巡游"的理念进行设计，采用线上预约的方式，定站不定线，自由灵活，乘客可自主预约出行时间、上下车站点。

为鼓励预约出行，线路开通初期，该区域可享受 1 分钱乘车优惠。居民可通过"北京定制公交升级版"微信小程序进入"区域巡游"页面，选择"上车点"和"下车点"，最后选择"乘车时间"，缴费成功后生成预订信息，预订成功后即可刷码乘车。

改编自《北京日报》文章《天通苑开通首批巡游定制公交》

33

第 3 课 ｜ 换乘 2 号线

第 3 课时

学词语

词语	拼音	例句
运动	yùn dòng	①我特别喜欢运动。 ②我们到运动公园站下车。
线	xiàn	①我们坐地铁 2 号线过去。 ②请问，去天安门应该坐几号线？
大人	dà ren	①大人要票，孩子免票。 ②大人和孩子在旅途中可以互相陪伴。
超过	chāo guò	①我看那个人不超过 30 岁。 ②这些东西已经超过 10 斤了。
办	bàn	①我出门办点儿事。 ②这件事我帮你办。
交通	jiāo tōng	①这里的交通很方便。 ②你们家乡的交通怎么样？
卡	kǎ	①我办了一张银行卡。 ②您好，我办一张交通卡。
打折	dǎ zhé	①今天所有商品全部打五折。 ②这件衣服打折以后很便宜。
专门	zhuān mén	①父母专门来学校看我。 ②这几个座位是专门留给需要帮助的人的。
需要	xū yào	①请问，你需要什么帮助？ ②从这儿到那儿没有直达车，需要换乘。

学会话

李刚一家坐地铁。

李　刚：您好，请问一下，从这儿去运动公园怎么坐车？

售票员：从这儿坐 1 号线到北大街，换乘 2 号线到运动公园站下车。

李　刚：好，谢谢。我们是两个大人、一个孩子。孩子用买票吗？

售票员：不超过一米二不用买票。

李　刚：我买两张到运动公园的票。

售票员：你们常坐地铁的话，可以办一张交通卡，地铁、公交都能坐，费用还可以打折。

李　刚：我们是来旅游的，玩儿几天就回去了。

售票员：好，两张票八块。

　　　　……

李　刚：你们坐那个爱心座吧，那是专门留给老人、孩子这些需要帮助的人的。

王　丽：行，我让亮亮坐那儿。你到站时叫我们一下。

做练习

一、说一说

1. 根据情景完成会话。

（看地铁线路图）

A：你看一下，从＿＿＿＿＿到＿＿＿＿＿，怎么坐车？

B：从这儿坐＿＿＿号线，到＿＿＿换乘＿＿＿，
到＿＿＿下车。

（在地铁车厢里）

A：那边有一个空座，你坐不坐？

B：不坐。那是爱心座，＿＿＿＿＿＿＿＿＿＿＿。

2. 根据提示完成会话。

A：我们＿＿＿＿＿＿，需要＿＿＿＿？（大人、孩子）

B：＿＿＿＿＿＿＿＿＿＿。（超过）

A：这两个座位的颜色跟别的不一样。

B：＿＿＿＿＿＿，＿＿＿＿＿＿。（爱心座、专门）

3. 请和你的同学一起到教室前面表演前两题的会话。

二、连一连

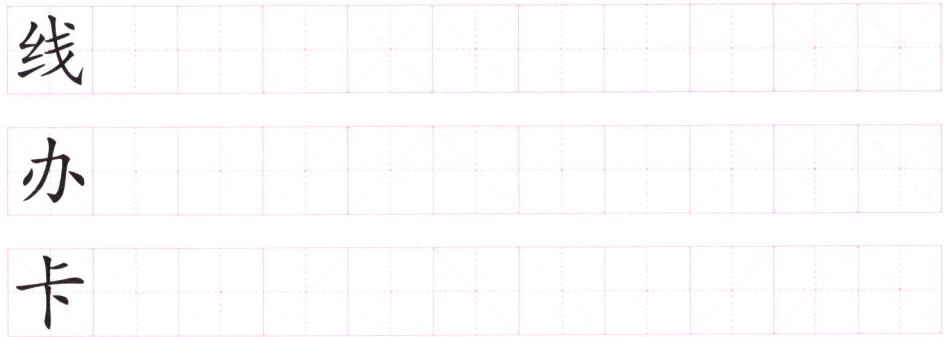

超过　　　　　zhuān mén

打折　　　　　jiāo tōng

运动　　　　　yùn dòng

专门　　　　　chāo guò

交通　　　　　dǎ zhé

三、写一写

线

办

卡

四、做一做

1. 回家后请和家人模拟课文进行练习，并拍下视频发到班级群里。

2. 请用手机编辑文字"我想办一张交通卡"发到班级群里。

3. 在写字本上写本课生字。

五、读一读

全国最长地铁亮相

　　广州地铁 13 号线是广州地铁首条采用 8 节车厢的线路，也是广州地铁运量最大的线路。该线路列车全长 186 米，宽 3 米，属于地铁中的"巨无霸"。乘客进入车厢，第一感觉是宽敞，站在车头往车尾看，长长的车厢"一望无际"。设施方面，车厢内升级设置了全景摄像头、变频空调和 LED 灯。

广州地铁负责人表示，13 号线未来全线开通后，列车运行最高时速达 100 公里。在保证平稳的情况下，列车将满载运行，整列车最大载客量达 3456 人，较以往同型号的 6 节车厢列车增加 33%，日均客流量将达 144 万人次，能够最大限度满足沿线居民的出行需求。

改编自地铁查询网文章《全国最长地铁广州 13 号线亮相 车厢又宽又长载客量增 33%》

扫一扫，听录音

第 2 单元　乘车问路

第 4 课 | 骑辆共享单车吧

学词语

词语	拼音	例句
当地	dāng dì	①他是当地人吗？ ②听说你去海南旅游了？当地风景怎么样？
美食	měi shí	①这里就是美食一条街了。 ②你到那儿可以尝尝当地美食。
下班	xià bān	①你每天几点下班？ ②我下班以后去看个电影，你去吗？
肯定	kěn dìng	①明天我肯定去，放心吧。 ②太早了，小卖部肯定还没开门呢。
堵车	dǔ chē	①上下班时间，路上容易堵车。 ②前面堵车了，怪不得走得这么慢。
骑	qí	①你会骑自行车吗？ ②堵车的时候，骑车比坐车还快。
共享	gòng xiǎng	①你看，前面有一辆共享单车。 ②手机没电了，我去租个共享充电宝。
主意	zhǔ yi	①你这个主意真不错。 ②这件事该怎么办，你帮我出出主意。
绑定	bǎng dìng	①你手机绑定银行卡了吗？ ②你可以把交通卡绑定到手机上，这样就不用带着卡了。

词语	拼音	例句
押金	yā jīn	①您得先付押金，才能给您保留房间。 ②这家饭馆免押金预订，打个电话就行。
扫码	sǎo mǎ	①可以手机扫码支付吗？ ②你用手机扫一下这个码就可以了。

学会话

李刚一家在宾馆里，李刚打算出门。

李　刚：我去小吃街给你们买点儿当地美食吧。

王　丽：好啊。你怎么去？坐公交还是打车？

李　刚：现在是下班时间，路上肯定堵车。我还是骑辆共享单车吧。

王　丽：好主意。骑共享单车又便宜又方便，说不定比坐车还快呢。

李　刚：宾馆门口停着好几辆呢。

王　丽：是哪个平台的？需要绑定银行卡吗？

李　刚：不需要，我看都是免押金的，直接扫码就能骑。

王　丽：那你去吧。路上慢点儿，注意安全。

做练习

一、说一说

1. 根据情景完成会话。

（出门买东西）

A：我去_____给你们_____。

B：那你去吧，路上慢点儿，_____。

（开共享单车的锁）

A：扫码就能骑吗？_____？

B：对，_____。

2. 根据提示完成会话。

A：你怎么去？这个时间_____。（肯定）

B：我_____，_____。（又……，又……）

A：咱们骑车过去吧，_____。（说不定）

B：_____。（主意）

3. 请和你的同学一起到教室前面表演前两题的会话。

二、连一连

主意	sǎo mǎ
绑定	měi shí
扫码	bǎng dìng
堵车	zhǔ yi
美食	dǔ chē

三、写一写

班

定

金

四、做一做

1. 回家后请和家人模拟课文进行练习，并拍下视频发到班级群里。

2. 请用手机编辑文字"路上慢点儿，注意安全"发到班级群里。

3. 在写字本上写本课生字。

五、读一读

共享单车的启示

　　近几年，共享单车不再被盲目地无序投放，市场慢慢趋向成熟。其中的经验与教训包含了三点启示。首先，绿色出行的理念拥有广泛的群众基础。自行车出行代表了多一种选择，代表了绿色、健康、活力、时尚和一种社交方式。这就是美好生活的需求。即便共享单车的运行模式遇到了挫折，这样的需求依然存在。其次，商业模式需要与适当的监管和社会行为相配合，才能解决乱停乱放等行为所带来的困扰。广州市有关部门鼓励街坊自发组织"骑行队"，及时发现治安隐患，并在必要时成为协助治理的志愿者。这说明应该设法激励更多的社会创新和监管创新。最后，虽然创新的具体模式一时受挫，但是支撑创新的理想主义精神仍然要弘扬。

改编自中国经济网文章《共享单车的兴衰：教训与学习》

扫一扫，听录音

第2单元 乘车问路

第5课 | 要遵守交通规则

学词语

词语	拼音	例句
社会	shè huì	①遵守交通规则也是对这个社会负责。 ②随着社会的发展，人们的生活水平提高了不少。
发达	fā dá	①这里的交通越来越发达。 ②这个地区的农业很发达。
多样化	duō yàng huà	①社会发展了，人们的选择越来越多样化。 ②生活方式是多样化的，你可以自由选择。
摩托车	mó tuō chē	①我买了一辆摩托车。 ②我骑摩托车带你去吧。
私家车	sī jiā chē	①很多家庭都买了私家车。 ②私家车太多是堵车的原因之一。
川流不息	chuān liú bù xī	①上下班时间，路上的汽车川流不息。 ②步行街上人来人往，行人川流不息。
保证	bǎo zhèng	①放心吧，我保证跟紧你们。 ②坐地铁可以保证按时到达。
遵守	zūn shǒu	①请大家遵守时间，不要迟到。 ②我们要遵守诺言，答应别人的事一定要做到。
规则	guī zé	①不遵守交通规则会受到处罚。 ②我们要遵守交通规则，靠右侧行走。

词语	拼音	例句
闯	chuǎng	①等一会儿吧，咱们别闯红灯。 ②里面正在开会，你不能往里闯。
逆行	nì xíng	①你往这个方向开车是逆行。 ②你跟着大家往前走，别逆行。
文明	wén míng	①文明驾驶是对每个司机的要求。 ②小明是一个讲文明、懂礼貌的好孩子。
违反	wéi fǎn	①行人不能违反交通规则。 ②这样做是违反公司规定的。
斑马线	bān mǎ xiàn	①过马路一定要走斑马线。 ②开车遇到斑马线时，要礼让行人。
责任	zé rèn	①安全驾驶是对生命负责任。 ②交通事故要认定相关人员的责任。

学课文

　　随着社会的发展，交通越来越发达，出行工具也越来越多样化，自行车、摩托车、电动车、公交车、私家车来来往往，川流不息。为了保证道路交通安全、有序，大家要遵守交通规则。不闯红灯，不逆行，文明驾驶，礼让行人。当然，行人也不能违反交通规则，走路靠右行，过马路走斑马线，红灯停绿灯行。遵守交通规则是一种责任，是对自己的生命负责，对自己的家人负责，对这个社会负责。

做练习

一、说一说

1. 完成会话。

（出门前父母叮嘱孩子）

A：现在路上车多人多，一定要遵守交通规则，注意安全。

B：您放心，_____。

（警察叫住要闯红灯的行人）

A：虽然你是行人，但是也不能违反交通规则。

B：我记住了，下次出门，_____。

A：现在_____。（多样化）

B：是啊，_____，想怎么出行都可以。

（私家车、摩托车）

A：为了_____，每个人都应该遵守交通规则。

（保证）

B：对，_____。（对……负责）

2. 请和你的同学一起到教室前面表演前一题的会话。

二、写一写

1. 给下列词语标拼音。

（　　　　）　　　（　　　　）　　　（　　　　）　　　（　　　　）

发展　　　　绕远儿　　　　规则　　　　堵车

（　　　　　） （　　　　　） （　　　　　） （　　　　　）

摩托车　　　　　保证　　　　　遵守　　　　　站牌

（　　　　　） （　　　　　） （　　　　　） （　　　　　）

专门　　　　　绑定　　　　　押金　　　　　需要

2. 看拼音写字。

　　　　xíng　　　　　jǐng　　　　　　fù　　　　　　sǎo

逆（　　　）　（　　　）区　（　　　）近　（　　　）码

　　　　jú　　　　　　dìng　　　　　　dá　　　　　　jiā

邮（　　　）　肯（　　　）　发（　　　）　私（　　　）车

　　　　shè　　　　　měi　　　　　　bān　　　　　　jīn

（　　　）会　（　　　）食　下（　　　）　押（　　　）

3. 在写字本上写本单元的生字。

三、答一答

1. 分享一次你问路的经历。

2. 分享一次你乘坐公交车的经历。

3. 分享一次你买车票的经历。

4. 你最常用的交通工具是什么？

5. 我们出行时应该遵守哪些交通规则？

扫一扫，听录音

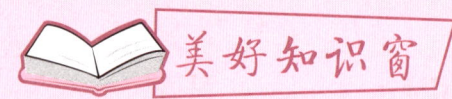

共享单车

　　共享单车是近些年兴起的一种全新的出行工具，也是一种方便民众租赁自行车的服务。共享单车的出现是一件充满人文关怀、现代环保意识的好事情，反映了我们对共享的新认知和新创举。共享单车自投入市场以来，有效解决了市民出行"最后一公里"的难题，为大家出行提供了更多的便利。

　　共享单车使用成本低，灵活度高，是便捷的大众出行方式。共享单车的核心理念和特征是共享，个人不拥有车辆，但是任何人都可以付费使用。换句话说，每辆车都为有需求的出行者提供服务。出行者可以在任意存放点租用共享单车，到达目的地附近的存放点后即可停放，借助手机完成还车手续，方便程度与私人自行车相差无几。但是，与私人自行车相比，共享单车不需要使用者保管和维护，没有失窃之忧，又不受往返约束，成本更低，灵活度更高。与公交车和地铁相比，共享单车存放点更加接近出发点和目的地，因而更为方便。

第3单元　求医问药

第1课 | 挂一个普通号

学词语

词语	拼音	例句
失眠	shī mián	①我最近总失眠，睡不着觉。 ②您这儿有治疗失眠的药吗？
挂（号）	guà（hào）	①请问在哪儿挂号？ ②你好，我挂呼吸科。
神经	shén jīng	①神经太兴奋了，所以睡不着。 ②我感觉脸上的神经有点儿疼。
内科	nèi kē	①请问，内科在几层？ ②你看这个病应该挂内科。
专家	zhuān jiā	①我挂一个专家号。 ②你的病最好让专家看看。
严重	yán zhòng	①你的病不太严重，休息两天就好了。 ②发生了这么严重的事，你怎么没告诉我啊？
普通	pǔ tōng	①您的病不严重，挂一个普通号就行。 ②她虽然是一个普通的女孩，但大家都非常喜欢她。
医保	yī bǎo	①这是我的医保卡。 ②医保报销了大部分手术费用，看病再也不用愁了。
电梯	diàn tī	①前面就是电梯，坐电梯上去吧。 ②你出了电梯以后，往左手边走。

学会话

李刚在医院的挂号窗口。

李　　刚：您好。请问，我最近总失眠，应该挂什么科?

工作人员：您挂个神经内科看看吧。今天上午正好还有

　　　　　几个专家号。

李　　刚：不是很严重，先挂一个普通号看看吧。

工作人员：把您的医保卡给我，再给我十块钱挂号费。

李　　刚：给您医保卡。我没带现金，可以刷卡或者用

　　　　　手机支付吗?

工作人员：可以，您把付款码打开，我扫一下码。

李　　刚：好的。请问神经内科在几层?

工作人员：六层。坐电梯上去，出了电梯，右手边就是。

做练习

一、说一说

1.根据情景完成会话。

（挂号）

A：您好。我最近＿＿＿＿＿＿＿＿＿＿＿＿，应该挂什么科?

B：挂一个＿＿＿＿＿＿＿＿＿＿＿＿＿＿＿＿吧。

（挂号）

A：今天有_____吗？

B：没有，只有_____。

2. 根据提示完成会话。

A：请问，_____？（挂）

B：你找个专家看看，_____。（正好）

A：_____？这样的情况有几天了？（严重）

B：_____。（总）

3. 请和你的同学一起到教室前面表演前两题的会话。

二、连一连

神经　　　　　　　pǔ tōng

严重　　　　　　　yī bǎo

医保　　　　　　　shén jīng

普通　　　　　　　nèi kē

内科　　　　　　　yán zhòng

三、写一写

失							
挂							
专							

四、做一做

1. 回家后请和家人模拟课文进行练习，并拍下视频发到班级群里。

2. 请用手机编辑文字"我最近总……，应该挂什么科？"发到班级群里。

3. 在写字本上写本课生字。

五、读一读

外地就医挂号不再难

　　"挂号难"让不少外地患者头疼。了解到这一问题后，人民医院为方便患者，推出了"一站式"预约服务，并承诺外地患者就医当天保证挂上号。门诊大厅的收费窗口从22个增加到31个，就诊患者的等候时间平均为10分钟。另外，有不少患者会遇到不能确诊或病情复杂的情况，多次往返医院不仅浪费检查费用，还浪费了大量的就诊时间。因此，人民医院正式挂牌成立华南地区首家门诊疑难病会诊中心，采取多学科专家联合会诊模式，为疑难病患者解决"挂多个号、排多次队，耗时耗力跑断腿"的烦恼。现在只要挂一个号，排一次队，看一次病，就能解决问题。人民医院的新举措为患者提供了便捷的服务，受到了广大患者的一致好评。

改编自腾讯网文章《外地患者当天挂号》

扫一扫，听录音

第 2 课 | 得验一下血

第 2 课时

学词语

词语	拼音	例句
疼	téng	①我今天不太舒服，头疼。 ②大夫，我肚子有点儿疼。
咳嗽	ké sou	①你咳嗽好点儿了吗？ ②你最近一直咳嗽，得吃点儿药了。
嗓子	sǎng zi	①你嗓子有点儿红肿，去看看大夫吧。 ②我嗓子有点儿疼，是不是生病了？
痒	yǎng	①我眼睛总是痒，您帮我看看。 ②我手背痒了很久了，想去皮肤科看看。
张嘴	zhāng zuǐ	①来，张大嘴，说"啊——"。 ②你一张嘴，我就知道你要说什么。
发炎	fā yán	①你嗓子发炎了，需要吃消炎药。 ②你眼睛怎么红红的，是不是发炎了？
量	liáng	①这张桌子有多长？你量一下。 ②我昨天量了量，儿子的身高已经一米三了。
体温	tǐ wēn	①你体温太高了，需要打针。 ②你头这么热，快量一下体温吧。
发烧	fā shāo	①我发烧了，全身都不舒服。 ②听说你发烧了，现在好点儿了吗？

词语	拼音	例句
化验	huà yàn	①这是你的化验结果，去找大夫吧。 ②你的嗓子可能发炎了，去化验一下吧。
抽血	chōu xiě	①你抽完血了吗？ ②这是你的化验单，去抽血吧。

学会话

王丽在诊室看病。

大　夫：你哪儿不舒服啊？

王　丽：头疼，咳嗽，嗓子有点儿痒。

大　夫：张大嘴，我看看。来，说"啊——"。

王　丽：啊——。大夫，怎么样啊？

大　夫：嗓子有点儿红，可能是发炎了。我再给你量一下体温。

　　　　……

　　　　37度5，有点儿发烧，得验一下血。我给你开张化验单。

王　丽：好的，谢谢大夫。先交费还是开完药一起交费？

大　夫：你拿着化验单先去交费，抽完血，出了结果，再回来找我。

做练习

一、说一说

1. 根据情景完成会话。

（在诊室）

A：你哪儿不舒服啊？

B：我_____，_____。

（在诊室）

A：大夫，怎么样啊？

B：你_____。

2. 根据提示完成会话。

A：你_____，我看一下。（张嘴）

B：啊——。

A：你_____，_____。（嗓子、发炎）

A：我给你_____吧。（量）

B：我在家量过了，37 度 5。

A：_____，_____。（体温、发烧）

3. 请和你的同学一起到教室前面表演前两题的会话。

二、连一连

化验	ké sou
发烧	tǐ wēn
体温	fā shāo
发炎	huà yàn
咳嗽	fā yán

三、写一写

疼

量

血

四、做一做

1. 回家后请和家人模拟课文进行练习，并拍下视频发到班级群里。

2. 请用手机编辑文字"我头疼，咳嗽，嗓子有点儿痒"发到班级群里。

3. 在写字本上写本课生字。

五、读一读

真诚的感谢就是对医生的支持

　　一名大二女生在生病住院期间发现医生所在的科室有一面感谢墙，上面全是患者写的感谢信。看着那些信上真诚的话语，她也决定用自己的方式表达对医生的感谢。她把就医过程、住院流程、手术前后的心情、病房的氛围画成漫画，满满的都是温馨与幽默，让医生非常感动。

无独有偶，近期，常州市第二人民医院的陈医生也收到了一封感谢信。"我是 29 床病人的儿子，我请你吃苹果。"感谢信只有十来个字，下面还画着一个红苹果。陈医生回忆，29 床病人经过医护人员一个星期的精心治疗，已经恢复健康，并且出院了。收到这封感谢信，他感觉十分温暖。

患者的支持与理解，让医患关系充满温情。许多医生表示，患者一句真诚的"谢谢"就是对自己最大的支持与尊重。

改编自《人民日报》文章《改善医患关系——需要责任，更需要爱》

扫一扫，听录音

第 3 单元 求医问药

第 3 课 | 大夫让我拍一个胸片

学词语

词语	拼音	例句
拍	pāi	①用手机把这张单子拍下来。 ②前面的景色真好，咱们拍张照片吧。
胸	xiōng	①大夫让我拍一个胸片。 ②我最近总咳嗽，胸这儿有点儿疼。
怀孕	huái yùn	①我怀孕的时候，胖了十多斤。 ②你怀孕的时候有什么不舒服吗？
孕妇	yùn fù	①哪位乘客给孕妇让个座？ ②这个爱心座可以请那位孕妇坐。
检查	jiǎn chá	①检查结果都出来了吗？ ②你别着急，我先给你检查一下。
脱	tuō	①你把大衣脱了。 ②这里挺冷的，别脱外套了。
防护	fáng hù	①你把防护服穿上。 ②做 X 光检查必须穿防护服。
抬头	tái tóu	①来，挺胸抬头，向前看！ ②把头抬起来，目视前方。
憋	biē	①他能在水下憋气一分钟。 ②他的话太好笑了，我没憋住，笑了出来。

学会话

王丽在医院做身体检查。

王　丽：您好！我最近总咳嗽，大夫让我拍一个胸片。

影像师：您怀孕了吗？孕妇是不能做 X 光检查的。

王　丽：没有。

影像师：那您最近准备要小孩儿吗？要是有这个打算，最好也不要做 X 光检查。

王　丽：最近不会要小孩儿。

影像师：好。您把大衣脱了，戴上防护帽子和围脖，穿上防护围裙，站到里面房间的机器前边。

王　丽：这样可以吗？

影像师：往后靠，站直，挺胸抬头。……可以了。深吸一口气，憋住……呼气。再来一遍。吸气……呼气……好了，出来吧。

王　丽：什么时候可以取胸片？

影像师：半小时后，您在门口取胸片，然后拿着胸片去找大夫。

王　丽：好的，谢谢您。

做练习

一、说一说

1. 根据情景完成会话。

（在检查室）

A：你把大衣脱了，_____。

B：这样可以吗？

A：可以。深吸一口气，_____。

（在诊室）

A：大夫，这是我的胸片，有什么问题吗？

B：我看_____。你平时_____？

A：还可以，_____。

B：我建议你_____。

2. 根据提示完成会话。

A：我最近总咳嗽，_____。（拍）

B：好。你没怀孕的话，可以_____。（检查）

A：你_____，_____。（脱、戴）

B：一定_____吗？（防护）

A：对。

3. 请和你的同学一起到教室前面表演前两题的会话。

二、连一连

孕妇　　　　　　　　　hū qì

呼气　　　　　　　　　xī qì

吸气　　　　　　　　　yùn fù

胸片　　　　　　　　　jiǎn chá

检查　　　　　　　　　xiōng piàn

三、写一写

拍

脱

抬

四、做一做

1. 回家后请和家人模拟课文进行练习，并拍下视频发到班级群里。

2. 请用手机编辑文字"我最近总咳嗽，大夫让我拍一个胸片"发到班级群里。

3. 在写字本上写本课生字。

五、读一读

拍 X 光时专业防护很必要

我们做胸、肠胃和骨骼等部位的检查时，经常会拍"X 光片"，这种技术主要是利用了 X 射线的穿透作用。X 射线在经过人体后，会根据辐射线衰减强度的不同形成影像，这种辐射对人体有可能造成危害，通常剂量越大，危害越大。

　　一般来说，正常情况下的X光检查，只要对重要部位做好了防护，是不会有问题的。但如果身体短时间内接受了大量的X光照射，或是没有对重要部位进行防护的话，可能会造成白内障，引起造血功能障碍，甚至会增加肿瘤发病率。因此，在做X光检查时，一定要做好防护，比如戴好专业防护帽子、颈套和眼镜等。帽子可以保护头部，颈套可以保护甲状腺，眼镜可以保护眼睛。患者不能因为怕穿脱麻烦就不做防护，一定要对自己的健康负责任。

　　改编自搜狐网文章《拍X光时这几个部位不做防护危害大！你还敢"裸透"吗？》

扫一扫，听录音

第3单元　求医问药

第4课 ｜ 这张药方给我

学词语

词语	拼音	例句
药方	yào fāng	①这是大夫给我开的药方。 ②你把这张药方交到中药房。
中药	zhōng yào	①你吃点儿中药试试吧。 ②你要开中药还是西药？
药房	yào fáng	①请问，药房在哪儿？ ②你拿着药方去中药房取药吧。
对面	duì miàn	①挂号室就在药房对面。 ②化验室对面就是拍胸片的检查室。
消炎	xiāo yán	①消炎药最好饭后半个小时再吃。 ②你嗓子发炎很严重，不吃药没办法消炎。
次	cì	①我跟他见过一次。 ②这种药一天吃一次就行。
片	piàn	①我吃了一片药就好了。 ②我看说明书上写着"一天吃三次，一次吃两片"。
退烧	tuì shāo	①家里有退烧药吗？ ②孩子吃了药，烧已经退了。
最好	zuì hǎo	①这件事你最好跟她好好谈谈。 ②你的嗓子有点儿发炎，最好抽血化验一下。

学会话

王丽在医院的药房取药。

王　丽：大夫，这两张药方都交给您吗？

大　夫：我看一下。这张药方给我，另一张你拿着，一会儿去中药房取药。

王　丽：中药房在哪儿？

大　夫：就在对面。把缴费单给我看一下。你在这儿等一下，我给你拿药。

　　　　……

王　丽：这些药怎么吃啊？

大　夫：这是消炎药，一天三次，一次一片；这是退烧药，体温超过 38 度就吃一片，24 小时内不能超过四次。

王　丽：消炎药饭前吃还是饭后吃？

大　夫：最好饭后半小时再吃。

做练习

一、说一说

1. 根据情景完成会话。

（在药房）

A：大夫，是在这儿取药吗？

B：对。你把＿＿＿＿＿＿＿＿＿＿＿＿＿。这是您的药。

（在药房）

A：请问，这些药应该怎么吃啊？

B：一天＿＿＿＿＿＿＿＿＿＿，一次＿＿＿＿＿＿＿＿＿＿＿。

A：什么时候吃药？

B：最好＿＿＿＿＿＿＿＿＿＿＿＿＿＿＿＿＿＿。

2. 根据提示完成会话。

A：大夫，化验室在哪儿？

B：＿＿＿＿＿＿＿＿＿＿＿＿＿＿＿＿＿就是。（对面）

A：＿＿＿＿＿＿＿＿，＿＿＿＿＿＿＿＿。（超过、最好）

B：我家没有退烧药，您给我开点儿吧。

3. 请和你的同学一起到教室前面表演前两题的会话。

二、连一连

最好　　　　　　　xiāo yán

消炎　　　　　　　yào fāng

药方　　　　　　　yào fáng

药房　　　　　　　tuì shāo

退烧　　　　　　　zuì hǎo

三、写一写

药						

次						

片 | | | | | | | | | | |

四、做一做

1. 回家后请和家人模拟课文进行练习，并拍下视频发到班级群里。

2. 请用手机编辑文字"这是消炎药，一天三次，一次一片"发到班级群里。

3. 在写字本上写本课生字。

扫一扫，听录音

五、读一读

网 络 问 诊

　　刚刚参加工作的李可经常使用网络问诊与线下治疗相结合的方式解决身体上的一些小毛病。他今天又一次打开手机里的医疗健康应用程序，翻看自己关于"如何治疗青春痘"的问诊记录，打算根据医生的建议调整饮食习惯。"网络问诊可以说是我们上班族的福音。"李可对网络问诊十分认可。网络问诊的流程比较简便：患者按照自己对病情的初步判断，在网站上选择相关科室或者直接寻求知名度较高的医生，支付一定的咨询费，然后具体描述病情，最后由医生提供专业的指导和判断。经过一段时间的治疗，除了继续利用网络进行复诊以外，还可以到医院进行线下复查，以确定治疗效果。

　　网络问诊诊疗时间短、效率高，并且有线下医院做保障，越来越受到年轻人的欢迎。

改编自人民网文章《网络问诊，上班族省心了》

第3单元 求医问药

第5课 | 先去社区医院

学词语

词语	拼音	例句
误区	wù qū	①人们要走出健康误区。 ②家庭教育的误区有哪些？
只要	zhǐ yào	①只要身体健康，人就会充满活力。 ②只要生病了就马上打针，这是一个误区。
增加	zēng jiā	①收入增加了，生活变好了。 ②我们要给应届毕业生增加就业机会。
候诊	hòu zhěn	①候诊的时候，可以闭上眼睛，休息一下。 ②今天医院里的人比较多，候诊时间比较长。
耽误	dān wu	①路上耽误了时间，所以迟到了。 ②生病就要及时治疗，别耽误了。
患者	huàn zhě	①这家医院的患者每天都很多。 ②请下一位患者到1号诊室看病。
社区	shè qū	①你可以去社区医院开药。 ②听说你要去社区工作了？
及时	jí shí	①发现问题就要及时解决。 ②在我遇到困难的时候，他及时地帮助了我。
分级	fēn jí	①分级诊疗对解决"看病难"的问题很有帮助。 ②这是一套分级阅读丛书，大家可以根据自己的水平决定读哪本。

词语	拼音	例句
缓解	huǎn jiě	①怎么才能缓解交通拥堵呢？ ②打针以后，她的病情缓解了一些。
压力	yā lì	①最近他的工作很多，压力很大。 ②分级诊疗可以缓解大医院的就诊压力。
能力	néng lì	①这里的大夫能力很强。 ②他很有能力，很适合做这份工作。

学课文

　　人们有一个误区：只要生病了，就往大医院跑。大医院里看病的人太多，不仅增加了候诊时间，也可能耽误重症患者的诊疗时机。其实，日常生活中，感冒、头疼等常见病，最好先去社区医院就诊，那里人少，看病快，小病在家门口就能得到及时解决。即使发现了比较严重的问题，也可以再转诊到大医院，不会耽误病情。分级诊疗可以大大缓解大医院的诊疗压力，提高医疗服务能力。

做练习

一、说一说

1. 完成会话。

（妻子头疼要去医院）

A：我有点儿头疼，你陪我去人民医院看看吧。

B：先不用去大医院，像这样的头疼、感冒等常见病，＿＿＿＿
＿＿＿＿＿＿＿＿＿＿＿＿＿＿＿＿＿＿＿＿＿＿。

（在大医院的候诊室）

A：来大医院看病真不容易，一等就是一个多小时。

B：对啊，这不仅增加了候诊时间，＿＿＿＿＿＿＿＿＿＿＿＿＿。

A：大医院里患者太多了。

B：是啊，很多人＿＿＿＿＿＿＿＿＿＿，＿＿＿＿＿＿＿＿＿＿＿。
（只要……，就……）

A：社区医院能看好你的病吗？

B：没问题，＿＿＿＿＿＿＿＿＿＿，＿＿＿＿＿＿＿＿＿＿＿。
（即使……，也……）

2. 请和你的同学一起到教室前面表演前一题的会话。

69

二、写一写

1. 给下列词语标拼音。

(   )   (   )   (   )   (   )

     候诊   呼吸   患者   退烧

(   )   (   )   (   )   (   )

     社区   孕妇   缓解   耽误

(   )   (   )   (   )   (   )

     消炎   防护   检查   化验

2. 看拼音写字。

   zhǐ   jí   jiā   néng

(   )要   (   )时   增(   )   (   )力

   qū   yā   jí   fáng

误(   )   (   )力   分(   )   药(   )

   fā   xiě   huái   zhuān

(   )炎   抽(   )   (   )孕   (   )家

3. 在写字本上写本单元的生字。

三、答一答

1. 分享一次你看病的经历。

2. 分享一次你做检查的经历。

3. 分享一次你取药、吃药的经历。

4. 分享一次你去社区医院的经历。

5. 你觉得必须去大医院看病吗？请举例说明。

扫一扫，听录音

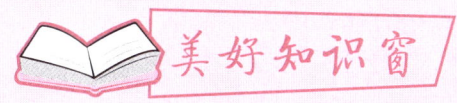 美好知识窗

城乡居民基本医疗保险

　　城乡居民基本医疗保险是整合城镇居民基本医疗保险和新型农村合作医疗两项制度建立起来的统一的城乡居民基本医疗保险制度。这一保障制度覆盖除职工基本医疗保险应参保人员以外的其他所有城乡居民，按年缴费，缴费基数、保障水平和报销比例随着社会经济发展而有所调整。它是实现城乡居民公平享有基本医疗保险权益、促进社会公平正义、增进人民福祉的重大举措，对促进城乡经济社会协调发展、全面建成小康社会具有重要意义。

第 4 单元　在银行

第 1 课 | 我想办张银行卡

第 1 课时

学词语

词语	拼音	例句
柜员	guì yuán	①柜员的态度很好。 ②这家商场柜员比顾客多。
业务	yè wù	①您的业务已经办理完了。 ②小张的业务能力很强，非常适合做这项工作。
银行卡	yín háng kǎ	①我今天新办了一张银行卡。 ②您的银行卡已经开卡成功了。
申请	shēn qǐng	①请您先填一下申请表。 ②我们有一个去上海工作的机会，你想申请吗？
设置	shè zhì	①您的密码已经设置成功了。 ②请您设置一个六位数的密码。
密码	mì mǎ	①银行卡的密码是多少？ ②请不要把密码告诉陌生人。
输入	shū rù	①请您输入密码。 ②您的密码输入错误，请再输一遍。
开通	kāi tōng	①您需要开通网上银行吗？ ②我已经开通了手机银行。
登录	dēng lù	①您还没登录成功吗？出什么问题了？ ②您可以输入银行卡号和密码登录网银。

词语	拼音	例句
下载	xià zài	①你需要下载一个银行 App。 ②我已经把照片都下载下来了。
按照	àn zhào	①按照规定，大家都要对号入座。 ②按照大夫的要求，消炎药必须吃三天。
提示	tí shì	①请您按照提示输入身份证号和密码。 ②老师已经提示你怎么做这道题了，你还不会吗？

学会话

王丽在银行办理业务。

柜　员：您好，请问要办理什么业务？

王　丽：我想办张银行卡。

柜　员：好的，请您先填一下申请表。

　　　　……

王　丽：我填好了，给您。

柜　员：请把您的身份证给我。

王　丽：给您。

柜　员：请您设置一个六位数的密码……好的，请您再输入一遍……您的银行卡开卡成功。请问，您需要开通网上银行吗？

王　丽：您帮我开通一下吧。

柜　员：麻烦您告诉我一下电话号码。开通网银、绑定手机号，以后可以通过手机号直接登录网银……好的，网银已经开通了。如果您还需要办理手机银行的话，可以先下载一个银行App，然后按照提示，输入手机号和密码就可以登录手机银行了。

王　丽：好的，谢谢！

做练习

一、说一说

1. 根据情景完成会话。

（在银行办银行卡）

A：您好，_____?

B：我想办_____。

（在银行柜台）

A：您好，我想开通网上银行。

B：好的，_____。

2. 根据提示完成会话。

A：请问，_____吗？（开通）

B：您帮我开通吧。

A：您先下载一个 App，_____。（按照、提示）

B：这么方便啊！

3.请和你的同学一起到教室前面表演前两题的会话。

二、连一连

申请　　　　　　　　　àn zhào

设置　　　　　　　　　shēn qǐng

输入　　　　　　　　　shè zhì

提示　　　　　　　　　shū rù

按照　　　　　　　　　tí shì

三、写一写

业								
码								
通								

四、做一做

1.回家后请和家人模拟课文进行练习，并拍下视频发到班级群里。

2.请用手机编辑文字"按照提示，输入手机号和密码就可以登录手机银行"发到班级群里。

3.在写字本上写本课生字。

五、读一读

中国银行卡产业的发展情况

2020年9月23日，中国银行业协会发布了《中国银行卡产业发展蓝皮书（2020）》（以下简称《蓝皮书》）。《蓝皮书》提到，2019年银行卡产业整体保持健康平稳发展态势，发卡端继续加强精细化运营，人均持卡量不断增长，银行卡交易笔数大幅提升。截至2019年末，银行卡累计发卡量为85.3亿张，当年新增发卡量为7.0亿张，同比增长8.9%；全国银行卡交易金额为822.3万亿元，同比增长4.1%；交易笔数为3219.9亿笔，同比增长53.1%。

关于银行卡产业的发展方向，《蓝皮书》建议，一是增强金融服务普惠性，研发与推广更接地气的银行卡产品与服务；二是加大对违规、违法、欺诈等风险行为的防范力度；三是积极为个人客户、小微企业、集团商户提供支付结算、财务管理、交易监控、资产生息等多方位、整体化金融服务。

改编自《经济观察报》文章《银行业协会：2019年银行卡新增发卡7亿张 累计发卡量85.3亿张》

扫一扫，听录音

第4单元 在银行

第2课 | 请您输入密码

第2课时

学词语

词语	拼音	例句
窗口	chuāng kǒu	①请到5号窗口办理业务。 ②请A101号顾客到1号窗口。
排队	pái duì	①请您去1号窗口排队。 ②这里怎么排了那么长的队？
自动取款机	zì dòng qǔ kuǎn jī	①你可以在自动取款机取钱。 ②银行门口有一台自动取款机。
限额	xiàn é	①自动取款机取钱限额2万。 ②这台取款机的取款限额是多少？
大额	dà é	①大额取款请到窗口排队。 ②请问，大额取款可以用自动取款机吗？
处理	chǔ lǐ	①这件事由老张处理。 ②你帮我处理一下这个问题。
点钞机	diǎn chāo jī	①窗口放着一台点钞机。 ②我们用点钞机把钱过一下。
确认	què rèn	①确认无误的话，请您签一下字。 ②您看一下取款单，确认一下取款金额。
单子	dān zi	①您看一下这张单子。 ②这张单子上没有经理的签字。

词语	拼音	例句
签字	qiān zì	①请您在这里签字。 ②没问题的话，请您签字。
评价	píng jià	①请您对我的服务进行评价。 ②他们对 2 号窗口的服务评价很好。

学会话

李刚在银行取钱。

李　刚：您好，我要取钱，去哪个窗口？

经　理：您不用在窗口排队，可以在自动取款机上取。

李　刚：我刚才试过了，机器提示限额 2 万。

经　理：您要取多少钱？

李　刚：5 万。

经　理：5 万以上需要提前一天预约。您预约了吗？

李　刚：预约过了。

经　理：那您跟我来吧。

　　　　……

　　　　小张，这位先生要大额取款，你帮忙处理一下。

柜　员：您好，请把银行卡和身份证给我。

李　刚：给您。我要取 5 万。

柜　员：好，请您输入密码。

　　　　……

　　　　我给您过一下钱，您看一下点钞机。

李　刚：500 张 100 元的，没问题。

柜　员：确认无误的话，请您在单子的右下角签字。您
　　　　还办理别的业务吗？

李　刚：没有了，谢谢！

柜　员：麻烦您对我的服务进行评价，谢谢！

做练习

一、说一说

1. 根据情景完成会话。

（在银行柜台）

A：您要取_____？

B：_____。

（在银行大厅）

A：您可以_____。

B：我试过了，机器提示_____。

2. 根据提示完成会话。

A：小李，这位先生要大额取款，请_____。（处理）

B：没问题！先生，请您_____。（把……给……）

A：先生，麻烦您_____。（对……进行评价）

B：没问题！

3. 请和你的同学一起到教室前面表演前两题的会话。

二、连一连

处理　　　　　　chuāng kǒu

限额　　　　　　què rèn

窗口　　　　　　chǔ lǐ

确认　　　　　　qiān zì

签字　　　　　　xiàn é

三、写一写

队									
价									
单									

四、做一做

1. 回家后请和家人模拟课文进行练习，并拍下视频发到班级群里。

2. 请用手机编辑文字"不用在窗口排队，可以在自动取款机上取钱"发到班级群里。

3. 在写字本上写本课生字。

五、读一读

为什么银行卡密码是六位数

首先，从数的排列组合的角度上来说，六位数有 100 万种排列组合，可以满足使用者对密码的需求。

其次，人们对数字的瞬间记忆是根据一定的规则进行的。低于六位数的密码容易记忆，高于六位数的密码记忆难度加大。当密码正好是六位数时，人们会在脑海中自觉地把数字组合转变为 3+3 或者 2+2+2 的形式，方便记忆。

再次，人们对数字记忆有着根深蒂固的习惯。平时在记忆日期时，大多数人会习惯性地使用六位数进行记忆。比如 2023 年 1 月 1 日，人们会直接记忆成 23—01—01。

最后，从安全性上来说，六位数的密码安全系数很高，很难被攻破。

六位数密码是从安全性和记忆难度等方面综合考虑而得出的结果。用户可以通过一些良好的使用习惯来确保账户安全，比如定期更改密码、不将生日设定为密码等。

改编自新华网文章《为什么银行卡密码是六位数》

扫一扫，听录音

第3课 | 钱已经存好了

第3课时

学词语

词语	拼音	例句
存	cún	①我去银行把钱存起来。 ②超市门口的箱柜里可以存包。
钞票	chāo piào	①我想换点儿小额钞票。 ②这张钞票机器识别不了。
污损	wū sǔn	①这张钞票有污损。 ②这几本图书污损得比较严重。
识别	shí bié	①这张钞票太旧了，机器识别不出来。 ②现在大部分手机都有人脸识别的功能。
顺便	shùn biàn	①你去超市的时候顺便给我买瓶饮料。 ②我下楼买东西，顺便把垃圾带下去。
打印	dǎ yìn	①我需要打印对账单。 ②你等一下，我把药方给你打印出来。
对账单	duì zhàng dān	①这是您的对账单，请收好。 ②银行已经把信用卡对账单发到您的邮箱了。
查看	chá kàn	①这是您的对账单，请您查看一下。 ②您查看一下，确认无误就在下面签字。
流水	liú shuǐ	①这个月的流水已经打印出来了。 ②我想查看最近两个月的银行卡流水。
其他	qí tā	①您还要办理其他业务吗？ ②只有这张单子没签字，其他单子都没问题。

学会话

王丽在银行 ATM 机上存钱。

王　丽：您好，能过来帮我一下吗？

经　理：有什么需要帮助的吗？

王　丽：我存钱的时候遇到点儿问题，这几张钞票总是存不进去。

经　理：钞票太旧了或者有污损，机器都无法识别。您到窗口去存吧。

　　　　……

王　丽：我刚才在好几台 ATM 机上都试过了，这几张钞票机器都识别不了。

柜　员：没关系，您给我吧。身份证和银行卡也给我。

王　丽：您顺便帮我打印一份对账单吧。

柜　员：没问题。您想查看哪段时间的流水呢？

王　丽：最近半年的流水。

柜　员：好的，请您输入一下密码。……您还有其他业务要办理吗？

王　丽：没有了。

柜　员：钱已经存好了。这是您的对账单、身份证和银行卡，请您收好。

做练习

1. 根据情景完成会话。

（顾客找银行大厅经理）

A：您好，有什么需要帮助的？

B：我用 ATM 机存钱，为什么_____？

A：可能是_____。

（在银行柜台）

A：您好，我想打印一份对账单。

B：好的。_____？

A：_____。

2. 根据提示完成会话。

A：您的钱存好了，您还有_____？（其他）

B：_____。（顺便）

A：这几张钞票_____。（识别）

B：别着急，_____。（窗口）

3. 请和你的同学一起到教室前面表演前两题的会话。

二、连一连

打印　　　　　　shí bié

查看　　　　　　dǎ yìn

存　　　　　　　chá kàn

其他　　　　　　qí tā

识别　　　　　　cún

三、写一写

损									
便									
流									

四、做一做

1. 回家后请和家人模拟课文进行练习，并拍下视频发到班级群里。

2. 请用手机编辑文字"您顺便帮我打印一份对账单吧"发到班级群里。

3. 在写字本上写本课生字。

五、读一读

让居民储蓄"活"起来

近些年，我国居民储蓄规模不断扩大。我国已成为全球储蓄金额最多的国家，同时也是人均储蓄最多的国家。

巨额的居民储蓄意味着我国金融机构有充裕的信贷资金支持

经济发展。同时居民储蓄也是社会建设所依靠的金融资源。储蓄能否发挥正能量，资金流向极为重要。把巨额储蓄用好、用活、用扎实，让储蓄资金进入应该去的地方，意义重大。

　　让居民储蓄"活"起来，就要引导资金流入消费领域。经济学家认为，银行储蓄只有回到消费市场，才能真正拉动内需，进而增强经济增长的内生动力。当然，这需要完善社会保障体系，增加居民收入，提升人们对未来的乐观预期，让百姓消费少一些"后顾之忧"。

改编自中国行业研究网文章《我国居民储蓄规模呈现持续攀升》

扫一扫，听录音

第 4 课 | 请您填一下汇款单

学词语

词语	拼音	例句
汇款	huì kuǎn	①我去银行给父母汇款。 ②请您填一下这张汇款单。
防	fáng	①我们要提高防火意识。 ②戴口罩能够防花粉过敏。
诈骗	zhà piàn	①现在电信诈骗还存在，一定要多注意。 ②为了避免遭遇诈骗，您需要回答几个问题。
收款人	shōu kuǎn rén	①你认识这个收款人吗？ ②请写上收款人的姓名和账号。
关系	guān xì	①您和收款人是什么关系？ ②我和孩子们的关系非常好。
阅读	yuè dú	①请您阅读注意事项。 ②吃药以前，请您仔细阅读药品说明书。
宣传单	xuān chuán dān	①请你认真读一下这张防诈骗宣传单。 ②我在路边收到了一张超市开业的宣传单。
配合	pèi hé	①非常感谢您的配合。 ②请您配合我们的工作。
开户行	kāi hù háng	①您还记得银行卡的开户行吗？ ②你得去开户行办理销户业务。

词语	拼音	例句
账号	zhàng hào	①请您填一下银行卡账号。 ②您要保管好自己的账号和密码，不要告诉陌生人。
金额	jīn é	①请您把汇款金额填在这里。 ②请您核对一下总金额是否正确。
核对	hé duì	①我已经核对完了。 ②请您对电子单进行核对。

学会话

李刚在银行给表弟汇款。

李　刚：您好，我要汇款。

柜　员：为了防诈骗，有几个问题需要您回答。请问，您认识收款人吗？你们之间是什么关系？

李　刚：认识，他是我表弟。

柜　员：请您仔细阅读这张防诈骗宣传单，看完后签个字。

李　刚：好的。我看完了，也签了字了。

柜　员：谢谢您的配合。请您填一下汇款单，写上收款人的开户行、账号、汇款金额，还有您的账号和手机号。

李　刚：我填好了。给您汇款单，还有这八千块钱。

柜　员：我用点钞机过一下现金，您注意查看……请您核对一下电子单，确认无误以后，在右下角签字。

李　　刚：没问题。谢谢！

柜　　员：不客气。

做练习

一、说一说

1. 根据情景完成会话。

（在银行汇款）

A：请您填一下_____。

B：好的。我填好了，给您。

（在银行汇款）

A：为了防诈骗，请您回答两个问题。您认识收款人吗？你
们是什么关系？

B：_____，_____。

2. 根据提示完成会话。

A：请您_____，然后在下边签字。（阅读）

B：我已经看完了，也签了字了。

A：谢谢您_____。（配合）

A：_____。（核对、金额）

B：我看了，没问题。

3. 请和你的同学一起到教室前面表演前两题的会话。

二、连一连

<table>
<tr><td>汇款</td><td>jīn é</td></tr>
<tr><td>金额</td><td>hé duì</td></tr>
<tr><td>账号</td><td>yuè dú</td></tr>
<tr><td>核对</td><td>zhàng hào</td></tr>
<tr><td>阅读</td><td>huì kuǎn</td></tr>
</table>

三、写一写

防								
诈								
配								

四、做一做

1. 回家后请和家人模拟课文进行练习，并拍下视频发到班级群里。

2. 请用手机编辑文字"您认识收款人吗？你们之间是什么关系"发到班级群里。

3. 在写字本上写本课生字。

五、读一读

防范电信诈骗

近日，全国多地公安机关接到群众报警，有人冒充银行客服诈骗。公安部将案件线索推送至长沙市公安局反电诈中心。长沙市公安局成立专案组，最终在雨花区洞井街道某小区内将犯罪团伙抓获。该团伙先通过非法渠道购买受害人手机号码，再通过境外手机号码向受害人发送诈骗短信，谎称其消费异常导致银行卡被冻结，并要求其拨打短信内留下的号码办理解冻。当受害人拨打电话并按语音提示进行操作后，该犯罪团伙迅速骗取受害人的银行卡号、密码和短信验证码等信息，然后通过掌握的信息盗取受害人银行卡内余额。4月以来，该团伙共发送诈骗短信6000余条，作案30起，涉案金额40万元。湖南公安提醒，不要轻信陌生电话和短信内容，不要随便点击不明链接或者拨打短信预留的电话号码，更不可将银行卡号、密码、短信验证码等信息提供给他人，以免财产遭受损失。

改编自《潇湘晨报》文章《湖南省公安厅发提醒了！有人冒充"银行客服"诈骗，已经得手40万》

扫一扫，听录音

第 5 课 ｜ 手机银行很便捷

第 5 课时

学词语

词语	拼音	例句
科技	kē jì	①科技让生活更美好。 ②现代社会的科技发展很快。
纷纷	fēn fēn	①老师讲完，大家纷纷提出问题。 ②听说老张得了重病，好友们纷纷来看他。
销户	xiāo hù	①银行提供销户服务。 ②这张银行卡不用了，你去银行销一下户吧。
转账	zhuǎn zhàng	①通过手机银行转账不收手续费。 ②我已经给你转账了，你注意查收。
投资	tóu zī	①大公司纷纷到小城市投资。 ②为了发展，需要吸引更多投资。
理财	lǐ cái	①银行提供理财服务。 ②最近投资理财的客户特别多。
虚拟	xū nǐ	①网络可以让人进入虚拟世界。 ②很多人在网上的虚拟教室听课学习。
柜台	guì tái	①请您到银行柜台办理。 ②请大家到柜台前排队。
提供	tí gōng	①办银行卡需要提供身份证。 ②银行提供存钱、取钱、汇款等服务。
便捷	biàn jié	①手机银行的服务十分便捷。 ②手机银行转账不仅便捷，还不收手续费。

词语	拼音	例句
金融	jīn róng	①金融行业发展很快。 ②银行提供各种金融服务。
足不出户	zú bù chū hù	①有了网络，足不出户就可以了解世界大事。 ②有了手机银行，足不出户就可以管理账户。
轻松	qīng sōng	①这份工作一点儿都不轻松。 ②用网银或者手机银行，足不出户就可以轻松管理账户。
管理	guǎn lǐ	①你有多久没有管理自己的账户了？ ②她一个人管理一家那么大的公司，真不容易！
账户	zhàng hù	①我在这三家银行分别开了一个账户。 ②请在这里填上您的身份证号和账户号码。
效率	xiào lǜ	①你看，小王的工作效率多高！ ②银行有很多自助服务，办事效率很高。

学课文

　　随着科技的发展，各大银行纷纷利用网络技术，把开户、销户、查询、转账、投资理财等服务项目搬到了手机上，通过虚拟柜台为我们提供最便捷的金融服务。现在只要有了手机银行，足不出户就可以轻松管理自己的账户，大大减少了出行和在银行排队的时间，提高了办事效率。

做练习

一、说一说

1.完成会话。

（在银行大厅）

A：经理，您能给我介绍一下手机银行的服务项目吗？

B：_____。

（妻子催丈夫去银行转账）

A：你不是说今天去银行给女儿转账吗？怎么还没出门？

B：转完了。有了手机银行，_____。

A：手机银行真方便！

B：是啊，_____。（效率）

A：_____，_____。（随着、纷纷）

B：是啊，现在手机银行非常流行。

2.请和你的同学一起到教室前面表演前一题的会话。

二、写一写

1.给下列词语标拼音。

（　　　　）	（　　　　）	（　　　　）	（　　　　）
纷纷	虚拟	柜台	转账
（　　　　）	（　　　　）	（　　　　）	（　　　　）
投资	理财	效率	管理

（　　　　　）　（　　　　　）　（　　　　　）　（　　　　　）

科技　　　　　　污损　　　　　　处理　　　　　　金额

2. 看拼音写字。

　　xià　　　　　　　pèi　　　　　　　　biàn　　　　　　zhà

（　　　）载　　　（　　　）合　　　顺（　　　）　（　　　）骗

　　gōng　　　　　guǎn　　　　　　guān　　　　　　　tōng

提（　　　）　　（　　　）理　　（　　　）系　　开（　　　）

　　qīng　　　　　　　sǔn　　　　　　　jià　　　　　　duì

（　　　）松　　　污（　　　）　　评（　　　）　　排（　　　）

3. 在写字本上写本单元的生字。

三、答一答

1. 分享一次你去银行存钱的经历。

2. 分享一次你去银行取钱的经历。

3. 分享一次你去银行汇款的经历。

4. 分享一下你手机里有哪些银行 App。

5. 你喜欢去银行办理业务还是用手机银行办理业务？为什么？

扫一扫，听录音

95

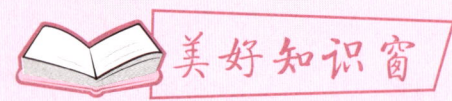 美好知识窗

信 用 卡

　　信用卡一般是由商业银行经申请为信用达标的消费者发行的信用证明，它在外观上与一般的银行卡没有什么差别，正面印有发卡银行名称、有效期、号码、持卡人姓名等内容，背面附有磁条、签名条。

　　普通消费者申请到信用卡以后，可以到商场、超市和各类签约商户购物、消费，消费时无须支付现金，由银行同商户进行结算，持卡人在还款日之前还款。信用卡的持卡人除了可以购买各种商品、就餐、娱乐、住宿外，还可以向发卡银行透支一定限额的现金，用于日常花销。通俗地讲，一个人的购物需求超出了他的支付能力，他可以向银行借钱，而信用卡就是银行根据这个人的诚信状况，答应借钱的凭证。

　　信用卡给日常消费带来了便利，但是也对个人信用提出了较高的要求。只有按需消费，按时还款，才能保持良好的信用，保证信用卡的正常使用。

第5单元 在饭馆

第1课 | 你们有什么特色菜

学词语

词语	拼音	例句
菜单	cài dān	①这是我们这儿最新的菜单。 ②给您菜单，看看想点什么菜？
特色菜	tè sè cài	①你们这儿有什么特色菜？ ②这是我们这儿的特色菜，进店必点。
烤鸭	kǎo yā	①我们来一套烤鸭尝尝。 ②北京烤鸭是北京的特色菜，非常好吃。
脆	cuì	①今天你买回来的苹果特别脆。 ②你点的炸小黄鱼真不错，又香又脆。
嫩	nèn	①黄瓜多嫩啊，你买点儿吧。 ②小宝宝的小脸蛋儿又白又嫩。
肥	féi	①鸡腿肉一点儿都不肥。 ②亮亮一点儿肥肉都不吃。
腻	nì	①我们这儿的烤鸭肥而不腻。 ②这个菜油太多了，吃起来特别腻。
宫保鸡丁	gōng bǎo jī dīng	①我们来个宫保鸡丁吧。 ②这里的宫保鸡丁很好吃。
清炒莜麦菜	qīng chǎo yóu mài cài	①你会做清炒莜麦菜吗？ ②这是谁做的清炒莜麦菜？味道不错啊！
打卤面	dǎ lǔ miàn	①妈妈给我们做了打卤面。 ②今天的打卤面做得有点儿咸。

词语	拼音	例句
壶	hú	①我们点一壶茶吧。 ②服务员，给我们上壶绿茶吧。
菊花茶	jú huā chá	①我给您倒一杯菊花茶。 ②这壶菊花茶不便宜吧？

学会话

李刚和王丽去饭馆吃饭，李刚点菜。

服务员：先生，您好。请问几位？

李　刚：两位。帮我们找一个靠窗的位置吧。

服务员：好的，里边请。

　　　　……

　　　　这是菜单，你们看看吃点儿什么？

李　刚：你们这儿有什么特色菜？

服务员：我们这儿的烤鸭不错，外脆里嫩，肥而不腻。
　　　　要不要来一套？

李　刚：好，来一套烤鸭，再来个宫保鸡丁、清炒莜
　　　　麦菜。

服务员：好的。主食吃什么？

李　刚：两碗打卤面。

服务员：喝点儿什么？

李　刚：来一壶菊花茶吧。

服务员：好的。这就给您下单了。

做练习

一、说一说

1. 根据情景完成会话。

（在饭馆点餐）

A：您好！这是菜单，＿＿＿＿＿＿＿＿＿＿＿＿＿＿＿＿？

B：来个＿＿＿＿＿＿＿＿＿，再来个＿＿＿＿＿＿＿＿。

（在饭馆点餐）

A：先生，您喝点儿什么？

B：来＿＿＿＿＿＿＿＿＿＿＿＿＿＿＿＿＿＿＿＿。

2. 根据提示完成会话。

A：你们这儿＿＿＿＿＿＿＿＿＿＿＿＿＿＿？（特色菜）

B：我们这儿的＿＿＿＿＿＿不错，＿＿＿＿＿＿＿＿。

A：你看，＿＿＿＿＿＿＿＿＿＿＿＿＿＿＿＿＿？（靠）

B：挺好的，咱们就坐那儿吧。

3. 请和你的同学一起到教室前面表演前两题的会话。

二、连一连

菜单　　　　　　　　cuì
脆　　　　　　　　féi
嫩　　　　　　　　cài dān
肥　　　　　　　　nì
腻　　　　　　　　nèn

三、写一写

菜

鸭

鸡

四、做一做

1. 回家后请和家人模拟课文进行练习，并拍下视频发到班级群里。

2. 请用手机编辑文字"你们这儿有什么特色菜"发到班级群里。

3. 在写字本上写本课生字。

五、读一读

去酒店吃年夜饭

　　近几年，随着市民生活水平的提高，越来越多的人将年夜饭挪到了酒店，形成了一年一度的年夜饭市场。"以前除夕都在家里过，麻烦又辛苦，今年决定到酒店去吃年夜饭。"这几天，市民李先生一直忙于选择酒店订年夜饭。他告诉记者，他家已经连续五年预订年夜饭了，一家人欢欢喜喜到酒店去吃年夜饭，不仅热闹，也省去了自己动手的麻烦。像李先生这种情况并非个例，许多准备在酒店吃年夜饭的市民都表示，虽然在外面吃可能会比在家中吃更贵，但是"过年嘛"，而且酒店近年来的年夜饭"年味"越来越浓，在酒店吃年夜饭轻松、舒服、方便、喜庆。各大酒店、饭馆为满足市民的不同需求，纷纷推出了不同价位的套餐。

改编自《南方日报》文章《预订年夜饭》

扫一扫，听录音

第 2 课 ｜ 再加一套餐具

第 2 课时

学词语

词语	拼音	例句
加	jiā	①服务员，我们要加一个菜。 ②服务员，给我们加一个座位。
套	tào	①桌子上放着五套餐具。 ②她送了我们一套茶具。
餐具	cān jù	①我们这儿不提供免费餐具。 ②服务员，给我们拿一套餐具。
催	cuī	①我已经催过好几次了。 ②服务员，你帮我们催一下菜吧。
招牌菜	zhāo pái cài	①烤鸭是我们这儿的招牌菜。 ②这家饭馆的招牌菜很有名。
顾客	gù kè	①来我们这儿的顾客都点这个菜。 ②今天的顾客很多，外面排了很多人。
醋	cù	①你顺便帮我拿点儿醋来。 ②家里的醋没了，你去超市买一瓶吧。
辣椒油	là jiāo yóu	①我炸了一碗辣椒油。 ②你想加点儿辣椒油吗？
稍等	shāo děng	①我给你找一找，你稍等一下。 ②您点的烤鸭马上就来，请稍等。

学会话

李刚和朋友在饭馆吃饭。

李　刚：服务员，我们又来了一位朋友，再加一套餐具吧。

服务员：好的，给您。

李　刚：我们的烤鸭怎么还没上呢？帮我们催一下吧。

服务员：我催过了。烤鸭是我们这儿的招牌菜，顾客点
　　　　得比较多。您再等一会儿。

李　刚：那我们不要了，再点两个别的菜吧。

服务员：好，我去给您拿菜单。

李　刚：顺便给我们拿点儿醋和辣椒油过来。

服务员：好，请稍等。

做练习

一、说一说

1. 根据情景完成会话。

（在饭馆）

A：服务员，你好。

B：先生，您有什么事？

A：＿＿＿＿＿＿＿＿＿＿＿＿＿＿＿＿＿＿＿＿＿＿＿＿＿。

（在饭馆）

A：我们的烤鸭怎么还没上来呢？

B：_____。

2. 根据提示完成会话。

A：服务员，菜单！我们要加个菜。你_____。
　（顺便）

B：好的，请稍等。

A：服务员，你_____。（催）

B：_____，_____。（比较、稍等）

3. 请和你的同学一起到教室前面表演前两题的会话。

二、连一连

餐具	cuī
顾客	cù
醋	cān jù
稍等	gù kè
催	shāo děng

三、写一写

加

套

辣

四、做一做

1. 回家后请和家人模拟课文进行练习，并拍下视频发到班级群里。

2. 请用手机编辑文字"顺便拿点儿醋和辣椒油过来"发到班级群里。

3. 在写字本上写本课生字。

五、读一读

北京烤鸭

　　中国的美食非常多，吸引了五湖四海的游客来品尝。让人印象最深的就是北京烤鸭。现如今，有着上百年历史的北京烤鸭已经成为世界上知名度超高的一种美食了。但是你们知道吗？我们看到的北京烤鸭油光锃亮，其实它的制作工艺非常复杂。首先必须选用肉质上等的鸭子，腌制过后用果木慢慢地烘烤，这样烤出来的鸭子色泽红润，外皮酥脆。一般来说，一只烤鸭只能切下来两盘或者三盘鸭肉。鸭肉蘸上甜面酱，再配上葱丝、瓜条等，卷在薄饼里吃，令人满口生香。那么，吃北京烤鸭最正宗的地方是哪儿呢？当然是全聚德烤鸭店了。全聚德烤鸭店开业到现在已有上百年的历史了，很多游客到北京后第一时间就要去品尝全聚德烤鸭。全聚德烤鸭店生意火爆，一座难求。

扫一扫，听录音

第5单元　在饭馆

第3课 | 这是大厨的拿手菜

第3课时

学词语

词语	拼音	例句
适中	shì zhōng	①这个菜咸淡适中，你尝尝。 ②杯子里的水冷热适中，你喝吧。
符合	fú hé	①今天的菜符合你的口味吗？ ②这个东西正好符合我的需要。
口味	kǒu wèi	①南方人和北方人口味不一样。 ②她的口味比较重，喜欢吃咸的、辣的菜。
大厨	dà chú	①这家饭馆的大厨都很棒。 ②我们请的是星级饭店的大厨。
拿手菜	ná shǒu cài	①每个大厨都有自己的拿手菜。 ②这是我的拿手菜——宫保鸡丁。
怪不得	guài bu de	①她感冒了，怪不得没来。 ②这家饭馆的菜做得不错，怪不得顾客这么多。
估计	gū jì	①烤鸭是这里的招牌菜，点了估计得等很久。 ②我估计小王今天不会来了，咱们开始开会吧。
汤	tāng	①菜汤的颜色有点儿重。 ②要不要来一个西红柿鸡蛋汤？
清蒸鱼	qīng zhēng yú	①服务员，来一个清蒸鱼。 ②你喜欢吃清蒸鱼还是糖醋鱼？
味道	wèi dào	①房间里是什么味道？ ②这个菜的味道真不错！

词语	拼音	例句
清淡	qīng dàn	①我们家的人口味都比较清淡。 ②这个菜做得比较清淡，你多吃点儿。
鲜美	xiān měi	①清蒸鱼肉质鲜美。 ②这个汤味道特别鲜美，你尝尝。
刺	cì	①吃鱼的时候要小心鱼刺。 ②这条清蒸鱼的刺不多，很适合孩子吃。

学会话

王丽和李刚在饭馆。

李　刚：今天点的菜怎么样？

王　丽：这个宫保鸡丁做得真不错，咸淡适中，很符合我的口味。

李　刚：这可是大厨的拿手菜，来店必点。

王　丽：怪不得呢！不过，这个清炒莜麦菜有点儿咸了。

李　刚：嗯，估计是酱油放多了，菜汤的颜色也很重。

王　丽：看来，这个清炒莜麦菜的色香味都不行啊！

李　刚：不行你就少吃点儿，多吃点儿这个清蒸鱼，这个菜做得挺好的。

王　丽：嗯，这个鱼味道清淡，肉质鲜美，刺还不多。

李　刚：你先吃着，我让服务员加点儿热水。

做练习

一、说一说

1. 根据情景完成会话。

（在饭馆）

A：先生，今天的菜还满意吧？

B：这个菜不错，_____。

（在饭馆）

A：这个宫保鸡丁真不错，甜辣适中，肉质鲜美。

B：这可是_____，_____。

2. 根据提示完成会话。

A：我做的菜怎么样？

B：_____。（符合）

A：这是她的拿手菜，我_____，你尝尝。（估计）

B：味道不错，_____。（适中）

3. 请和你的同学一起到教室前面表演前两题的会话。

二、连一连

味道　　　　　　xiān měi

清淡　　　　　　wèi dào

符合　　　　　　guài bu de

鲜美　　　　　　qīng dàn

怪不得　　　　　fú hé

三、写一写

厨

估

蒸

四、做一做

1. 回家后请和家人模拟课文进行练习，并拍下视频发到班级群里。

2. 请用手机编辑文字"宫保鸡丁咸辣适中，符合我的口味"发到班级群里。

3. 在写字本上写本课生字。

五、读一读

特色餐厅的经营之道

物质丰富了，经济好起来了，大家对于吃喝的热情越来越高涨，餐饮行业越来越红火，餐厅多了，竞争也更加激烈。餐饮店老板要解决的首要问题就是打造特色餐饮，只有与众不同才会引起消费者的注意。首先，要始终坚持经营方针不动摇，找准顾客的需求点，提供美味佳肴和优质服务；其次，要充分考虑顾客进店、点餐、用餐、买单等不同时段的心理变化，要根据时段的不同向顾客提供不同的服务，充分满足顾客的心理预期；再次，要提高餐厅特色的技术含量，并赋予其深厚的内涵，保持不断创新，让模仿者只能学到皮毛，掌握不到精髓；最后，一定要坚持少而精的原则，一家店如果把所有的菜品都做成特色，不但难为了自己，而且会让顾客选择困难，缺少一击即中的吸引力。

改编自搜狐网文章《打造一个特色餐厅从这四大原则做起》

扫一扫，听录音

第 4 课 | 21 号桌买单

第 4 课时

学词语

词语	拼音	例句
买单	mǎi dān	①服务员，买单。 ②今天我请大家吃饭，我来买单。
会员	huì yuán	①我是这家健身房的会员。 ②我在这家饭馆办了一张会员卡。
享受	xiǎng shòu	①周末就要享受美好生活。 ②您是会员，可以享受会员价。
折扣	zhé kòu	①我给您的就是折扣价。 ②如果我买得多，有没有折扣？
消费	xiāo fèi	①您一共消费 300 元。 ②我们这儿可以用银行卡消费。
支付	zhī fù	①这里可以用手机支付吗？ ②您怎么支付，现金还是刷卡？
现金	xiàn jīn	①我去银行取点儿现金。 ②我没带现金，能用手机支付吗？
满	mǎn	①我来这里已经满一个月了。 ②这次活动是满 100 元减 10 元。
减	jiǎn	①我们这儿的满减活动已经结束了。 ②您这次消费 500 元，参加活动可以减 50 元。
优惠	yōu huì	①只有周末才能参加这次优惠活动。 ②您有优惠券吗？有的话可以便宜一点儿。

学会话

李刚和朋友在饭馆。

李　刚：服务员，21号桌买单。

服务员：您有会员卡吗？会员可以享受折扣价。

李　刚：有，不过忘带了。说手机号可以吗？

服务员：可以，您说吧。

　　　　……

　　　　会员打完折后一共消费220元。您怎么支付？现金、刷卡还是手机扫码？

李　刚：我看这个软件上有一个满100元减5元的优惠活动，可以参加吗？

服务员：不好意思，那个优惠券周一到周五才能用，周六、日用不了。

李　刚：好吧，那我直接扫码支付吧。

做练习

一、说一说

1. 根据情景完成会话。

（在饭馆）

A：服务员，_____？

B：您一共_____。

（在饭馆）

A：一共消费 300 块钱，您怎么支付? 现金、刷卡还是手机扫码?

B：我来＿＿＿＿＿＿＿＿＿＿＿＿＿＿＿＿＿＿＿＿吧。

2. 根据提示完成会话。

A：我有你们这儿的会员卡。

B：好的，那您可以＿＿＿＿＿＿＿＿＿＿＿＿。（享受）

A：我可以参加＿＿＿＿＿＿＿＿＿＿? （满……减……）

B：周末不行，＿＿＿＿＿＿＿＿＿＿。（优惠券、工作日）

3. 请和你的同学一起到教室前面表演前两题的会话。

二、连一连

享受	xiāo fèi
优惠	zhé kòu
现金	xiàn jīn
消费	xiǎng shòu
折扣	yōu huì

三、写一写

买							
员							
付							

四、做一做

1. 回家后请和家人模拟课文进行练习，并拍下视频发到班级群里。

2. 请用手机编辑文字"软件上有一个满 100 元减 5 元的优惠活动"发到班级群里。

3. 在写字本上写本课生字。

五、读一读

盛宴不剩宴 剩菜非盛情

佳节到来，亲朋好友相聚而欢，请客吃饭成为常事。然而一些做东者把剩菜当"标准"，觉得"光盘"就是不够吃、没吃好，浪费现象严重。

杨先生与客户一共八人用餐，但请客的杨先生却告诉服务员，按照十个人的标准上菜，最后满桌子全是剩菜。

八个人为啥按十个人的标准上菜？杨先生解释说："怕菜分量不够，故意说是十人，为了让客人多体验几道菜，略表东道主心意。"

让客人吃饱、吃好，虽是人之常情，特别是在食物短缺年代，这更能体现出主人俭己丰客的诚意，但将剩菜剩饭等同于盛情美意，则失之偏颇。

部分消费者对食物没有敬畏感，对"粒粒皆辛苦"也没有亲身体会。这也就在一定程度上导致了把剩菜当作"面子"与"盛情"。

另一些受访者向记者表示：做东者的热情他们感受到了，但待客的表达方式确需改变。与其满眼满桌剩菜，不如在吃得舒心上下功夫，比如，点菜更开放自主，吃得更健康精致，用餐环境更舒适贴心。

2000 多年前，孔子就提出"礼，与其奢也，宁俭"。文明就餐、节俭用餐既是餐桌文明的具体体现，也是古来有之的道德标准。家人朋友的相聚与亲情友情的维系，并不局限于饭菜。轻松的氛围、言语的交流或许更能传递深情厚谊。

改编自新华网文章《盛宴不剩宴 剩菜非盛情》

扫一扫，听录音

第5单元 在饭馆

第5课 | 餐桌礼仪很重要

学词语

词语	拼音	例句
并	bìng	①她本来说来，但是并没来参加活动。 ②听说这儿的菜很贵，我看了，其实并不贵。
简单	jiǎn dān	①你觉得这个问题简单吗？ ②点菜可不是一件简单的事。
尤其是	yóu qí shì	①这儿的菜做得很不错，尤其是这个宫保鸡丁。 ②这儿的菜并不贵，尤其是烤鸭，不到100块钱。
聚餐	jù cān	①今天全家人聚餐。 ②聚餐的时候，一般谁点菜？
礼仪	lǐ yí	①要从小就注意餐桌礼仪。 ②聚餐的时候，餐桌礼仪非常重要。
顺序	shùn xù	①我现在告诉你们回答问题的顺序。 ②入座的顺序是先老人后年轻人，先客人后自己人。
另外	lìng wài	①我们要加个菜，另外，我们再要点儿辣椒油。 ②我想给表弟汇款，另外，我还想取点儿现金。
面对	miàn duì	①我们的房间面对着厨房。 ②"上座"是面对着门口的座位。
夹	jiā	①你要学会用筷子夹菜。 ②请客时，可以用公筷给客人夹菜。

词语	拼音	例句
翻	fān	①不要用筷子在盘子里翻来翻去。 ②煎牛排两分钟后要及时翻面，再煎两分钟后转中火。
嚼	jiáo	①细嚼慢咽身体好。 ②不能嚼着东西说话。
响声	xiǎng shēng	①吃饭的时候不要发出太大的响声。 ②我正在睡觉，屋外突然传来很大的响声。

学课文

　　吃饭并不是一件简单的事，尤其是聚餐的时候，餐桌礼仪非常重要。首先是入座的顺序。一般来讲，我们要请年龄大的或者客人先坐。另外，应该请他们坐"上座"，就是面对着南边或者门的座位。其次，夹菜的时候，不要一次夹太多，也不要用筷子在盘子里翻来翻去，最好只夹离自己近的那部分菜。最后，嚼菜喝汤时，嘴里不要发出太大的响声，更不要嚼着菜跟别人说话。

做练习

一、说一说

1.完成会话。

（在饭馆等客人来）

A：妈妈，客人来了，请谁先入座？

B：_____。

（在家里吃饭）

A：亮亮，_____。

B：好的，妈妈，我安静地吃饭。

A：吃饭可不是一件小事。

B：对啊，_____。（尤其是）

A：夹菜的时候需要注意什么？

B：_____；_____；
_____。（首先，夹；其次，翻；最后，说话）

2. 请和你的同学一起到教室前面表演前一题的会话。

二、写一写

1. 给下列词语标拼音。

（   ）   （   ）   （   ）   （   ）

　　简单　　　　　聚餐　　　　　顺序　　　　　响声

（   ）   （   ）   （   ）   （   ）

　　享受　　　　　符合　　　　　顺便　　　　　味道

（   ）   （   ）   （   ）   （   ）

　　消费　　　　　餐具　　　　　清淡　　　　　菜单

2. 看拼音写字。

　　kǒu　　　　　　　　yí　　　　　　　duì　　　　　　　zhēng

（   ）味　　礼（   ）　　面（   ）　　清（   ）鱼

là 　　　　zhé 　　　　　chú 　　　　　　fù

（　　）椒油　　（　　）扣　　大（　　）　　　支（　　）

wài 　　　　　　jī 　　　　　　gū 　　　　　　yā

另（　　）　　　宫保（　　）丁　　（　　）计　　烤（　　）

3. 在写字本上写本单元的生字。

三、答一答

1. 分享一次你在饭馆点菜的经历。

2. 分享一次你在饭馆跟服务员交流的经历。

3. 分享一次你和朋友评价饭菜质量的经历。

4. 分享一次你在饭馆结账的经历。

5. 分享一下你知道的餐桌礼仪。

扫一扫，听录音

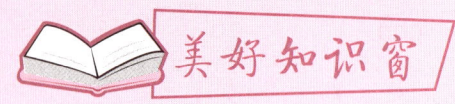 美好知识窗

外　卖

　　外卖是指通过互联网，在餐饮网站上点餐、订菜或各类零食饮料，然后由外卖员送餐到家的服务。近些年，外卖业务发展迅速。数据显示，2016年我国网上外卖用户有0.63亿，2019年这一数字提高到4.23亿，截至2021年6月，这一数字达到4.69亿。

　　为什么外卖这么受欢迎？首先，订餐系统中的餐食都配有图片和说明，顾客可以看到食物的品相；其次，顾客可以了解餐厅最新推出的菜式，并根据自己的喜好自由搭配；再次，顾客可以在网上与店主交流，更多地了解菜品，并能对菜品和服务进行及时反馈；最后，顾客可以在一天内的任何时间订餐，并约定送餐时间。除此之外，通过订餐系统，顾客还可以随时查询订单状态，如排队中、制作中或者已送出。

　　外卖这么流行，你是外卖族吗？你点过外卖吗？你的订餐体验怎么样？可以跟大家分享一下。

第6单元 逛街

第1课 | 咱们怎么逛

第1课时

学词语

词语	拼音	例句
逛	guàng	①女人大都喜欢逛街。 ②周末我喜欢到家附近的公园逛一逛。
步调一致	bù diào yí zhì	①一切行动听指挥，步调一致得胜利。 ②师徒二人步调一致，任务完成得很好。
工厂店	gōng chǎng diàn	①工厂店采用从工厂直接到消费者的销售模式。 ②工厂店出售的商品没有中间环节，售价相对较低。
过季	guò jì	①商场会对过季衣服进行促销。 ②天冷了，把过季的衣服都收起来吧。
导图	dǎo tú	①逛商场看购物导图可节省很多时间。 ②这个公园很大，我们最好先看看游览路线导图。
休闲	xiū xián	①休闲区里人很多。 ②公园休闲场地有很多长椅。
一应俱全	yì yīng jù quán	①这个超市日用百货一应俱全。 ②这个小餐馆虽然门面不大，但各种菜品却是一应俱全。

121

词语	拼音	例句
认定	rèn dìng	①这辈子，我就认定你了。 ②他认定就是小明打碎了花盆，别人说什么他都不听。

学会话

王丽和张艳进入新装修的商场。

王　丽：张姐，咱们怎么逛？是从下往上还是从上往下？

张　艳：从地下一层开始逛吧，逛到五层累了，咱还可以吃点儿小吃。

王　丽：咱俩想到一块儿了，真是步调一致。

张　艳：地下一层以前是体育用品工厂店，现在怎么换成卖过季服装的打折店了？

王　丽：彻底变样了。

张　艳：一层倒没什么改动，还是主卖化妆品。

王　丽：这里有购物导图，咱们来看一下。

张　艳：二层和三层都是女装，看来还是我们女性的消费能力强啊。

王　丽：四层是男装，五层是休闲区，吃的、喝的一应俱全，还有影院呢。

张　艳：这个商场满足了我们所有的需求，以后认定它了。

做练习

一、说一说

1. 根据情景完成会话。

（逛商场）

A：我们怎么逛？

B：先_____，然后_____，最后_____。

（在商场）

A：商场有几层？每一层都卖什么？

B：有_____层。_____。

2. 根据提示完成会话。

A：五层有什么？

B：有_____。

| 吃的 | 男装 | 休闲区 | 影院 |

3. 请和你的同学一起到教室前面表演前两题的会话。

二、连一连

认定　　　　　　xiǎo chī

休闲　　　　　　rèn dìng

小吃　　　　　　guò jì

过季　　　　　　xiū xián

导图　　　　　　dǎo tú

三、写一写

步
俱
店

四、做一做

1. 回家后请和家人模拟课文进行练习，并拍下视频发到班级群里。

2. 请用手机编辑文字"咱俩去逛商场吧"发到班级群里。

3. 在写字本上写本课生字。

扫一扫，听录音

五、读一读

步 行 街

步行街全称"步行商业街"，指在城市中心区域内划定的、仅允许行人步行、禁止或限制车辆通行的商业街道，一般在旧城中开辟，其范围只限于街道。步行街为市民提供了方便、安全的购物与社会生活环境，并对具有历史和建筑艺术价值的旧城和建筑物起到了保护作用。

全国知名的步行街有北京王府井、重庆解放碑、拉萨八廓街、成都春熙路、上海南京路、厦门中山路、哈尔滨中央大街、武汉江汉路、西安大唐不夜城、广州北京路等。

第2课 | 试衣间在哪儿

第2课时

学词语

词语	拼音	例句
款	kuǎn	①这是休闲款。 ②这是新款，您试试。
上架	shàng jià	①新鲜蔬菜一到，我们就上架开卖。 ②食品需要有卫生许可证才可上架售卖。
冷色	lěng sè	①你适合穿冷色的衣服。 ②冷色主要包括绿色、蓝色、黑色等。
暖色	nuǎn sè	①暖色让人觉得热烈。 ②红色、橙色、黄色为暖色。
样品	yàng pǐn	①这是样品，我们不卖。 ②样品的出售价格会非常便宜。
试衣间	shì yī jiān	①试衣间里也有镜子。 ②商场里一般都有试衣间。
穿衣镜	chuān yī jìng	①衣柜上装着穿衣镜。 ②家里没有穿衣镜不方便。
含	hán	①含棉量高的衣服穿着比较舒服。 ②这种饮料的含糖量太高了，少喝为好。
性价比	xìng jià bǐ	①你知道哪家婚纱店性价比高吗？ ②许多高性价比的商品受到了消费者的青睐。

学会话

王丽来到商场的衬衫专柜。

王　丽：您好！有休闲款衬衫吗？

售货员：有，这几件是昨天进的新款，今天早上才上架。

王　丽：这些都是冷色的，有暖色的吗？

售货员：只剩一件样品了，您看一下。

王　丽：试衣间在哪儿？

售货员：穿衣镜后面就是。

……

王　丽：大小正合适，只是含棉量太低了。我再去别处转转，没有合适的就买它了。

售货员：没有比这件性价比更高的了。我先给您留着。

王　丽：谢谢。

做练习

一、说一说

1. 根据情景完成会话。

（在商场）

A：这是正装，有＿＿＿＿＿＿＿＿＿＿＿＿＿＿＿＿＿＿吗？

B：没有。您可以到四层看看。

（在商场）

A：我适合穿冷色的衣服还是_____?

B：你皮肤_____，适合_____。

2. 根据提示完成会话。

A：这是新款，刚_____的。

B：不错。

上架	上	进	来

3. 请和你的同学一起到教室前面表演前两题的会话。

二、连一连

含　　　　　　yàng pǐn

样品　　　　　shàng jià

上架　　　　　hán

色　　　　　　kuǎn

款　　　　　　sè

三、写一写

镜								

| 暖 | | | | | | | | |

| 试 | | | | | | | | |

四、做一做

1. 回家后请和家人模拟课文进行练习，并拍下视频发到班级群里。

2. 请用手机编辑文字"我想买件休闲款的衬衫"发到班级群里。

3. 在写字本上写本课生字。

五、读一读

居室中的冷暖配色

暖色包括红色、橙色、黄色、紫红色、咖啡色等，这些颜色具有热情、奔放的特点，使人感到温暖。如果居室以暖色为主的话，可以这样搭配：地面是浅驼色，沙发、蒙面织物为浅豆沙色，墙面、天花板为米色，再配以咖啡色与白色相间的地毯以及土黄色靠垫。这样可以使整个房间有甜蜜感，显得温柔而又稳重。

冷色主要包括青色、蓝色、绿色、蓝紫色等，这些颜色给人以安静、稳重之感。如地面是藏蓝色，墙面、天花板为淡蓝色，家具、沙发为乳白色，这样会使整个房间显得清新、凉爽。如果在沙发上点缀几个红色、黄色、绿色靠垫，房间就不至于因色调过冷而失去温暖的感觉。

扫一扫，听录音

第6单元 逛街

第3课 | 现价才三折多

第3课时

学词语

词语	拼音	例句
……件套	… jiàn tào	①这套茶具是个五件套，包括一个茶壶，四个茶杯。 ②床上用品四件套包括一个床单、一个被套和两个枕套。
折	zhé	①苹果可以五折卖给你。 ② 100 元的三折是 30 元。
划算	huá suàn	①打折时买东西很划算。 ②这件旧款衬衫 380 元，不划算。
讲价	jiǎng jià	①她买东西很喜欢讲价。 ②这个价格有点儿贵，你可以试试讲讲价。
一口价	yì kǒu jià	①团购价为一口价。 ②各品牌还有热卖价、一口价。
统一	tǒng yī	①这事大家已经统一意见。 ②明天我们统一穿白衬衫、黑裤子。
定价	dìng jià	①这是公司的定价。 ②这本书定价 40 元，现在打五折。
推销	tuī xiāo	①微信朋友圈里天天都有人在推销产品。 ②这个业务员的推销能力很强。
买一送一	mǎi yī sòng yī	①今天超市里的牛奶买一送一。 ②买一送一，非常划算。

129

学会话

张艳来到了商场的打折促销处。

张　艳：这套床上用品多少钱？

售货员：150 元。

张　艳：是几件套？

售货员：四件套。包括一对单人枕套、一个被套、一个床单。

张　艳：还能再便宜吗？

售货员：已经很便宜了，原价450元，现价才三折多，今天买特划算！

张　艳：一口价，130 元？

售货员：不行的，这是公司的统一定价。我可以再送您一条同一厂家的毛巾。

张　艳：您可真会推销。这也算买一送一了。

做练习

一、说一说

1. 根据情景完成会话。

（在商场的打折促销处）

A：这套床上用品 150 元。

B：不＿＿＿＿＿＿＿＿＿＿＿＿＿＿＿＿＿＿吗？

A：已经打五折了。

B：打＿＿＿＿＿＿＿＿＿＿＿＿＿＿＿＿折可以吗？

2. 根据提示完成会话。

A：不能再＿＿＿＿＿＿＿＿＿＿＿＿＿＿了，我可以送您赠品。

B：您真会＿＿＿＿＿＿＿＿＿＿＿＿＿＿＿＿＿＿。

| 推销 | 砍价 | 做买卖 | 讲价 | 讨价还价 |

3. 请和你的同学一起到教室前面表演前两题的会话。

二、连一连

讲价　　　　　　　tǒng yī

划算　　　　　　　dìng jià

统一　　　　　　　tuī xiāo

定价　　　　　　　jiǎng jià

推销　　　　　　　huá suàn

三、写一写

折

讲

统

四、做一做

1. 回家后请和家人模拟课文进行练习，并拍下视频发到班级群里。

2. 请用手机编辑文字"现价三折，特划算"发到班级群里。

3. 在写字本上写本课生字。

五、读一读

多地启动平价商品销售

春节是传统消费旺季，稳住"米袋子""菜篮子"价格显得尤为重要。

近日，为确保春节期间重要民生商品价格平稳，在国家发改委指导下，各地充分利用平价商店和指定专柜等渠道平价销售民生商品，并积极增加市场供应，以稳定价格。据不完全统计，各省投放粮油肉蛋菜价格低于市场价10%～20%，受到群众广泛好评。

下一步，国家发改委将继续推动各地做好平价商店的销售工作，积极发挥保供、稳价、惠民作用，让老百姓的"米袋子"扛得更稳一些，"菜篮子"装得更满一些。

改编自央广网文章《多地启动平价商品销售 稳住春节"米袋子""菜篮子"价格》

扫一扫，听录音

第 4 课 ｜ 开一张发票

第 4 课时

学词语

词语	拼音	例句
结账	jié zhàng	①我去结账。 ②我去收银台结一下账。
收银员	shōu yín yuán	①收银员的态度很好。 ②她是商场的收银员。
积分	jī fēn	①卡里的积分有多少了？ ②会员卡的积分一般可抵现金。
抵	dǐ	①我的这些家具能不能抵债。 ②学校规定，参加社会公益活动可以抵一定的学分。
微信	wēi xìn	①我们微信联系。 ②方便加一下微信吗？
安装	ān zhuāng	①下载安装 App 很容易。 ②手机上需要安装许多软件。
支付宝	zhī fù bǎo	①我没有安装支付宝。 ②支付宝付款方便得很。
发票	fā piào	①买东西要记得开发票。 ②现在一般开的是电子发票。
明细	míng xì	①这是您的消费明细。 ②从手机银行可以查询收支明细。

133

学会话

王丽在商场的收银台。

王　丽：结一下账吧。

收银员：总共 630 元。会员卡积分可抵现金。

王　丽：会员卡没带可以吗？

收银员：可以，报您的手机号就行。您支付用微信还是支付宝？

王　丽：不好意思，微信里钱不够了，我没有安装支付宝，还是付现金吧。

收银员：没问题，怎么方便怎么来。

王　丽：开一张发票吧。

收银员：发票抬头开个人还是单位？

王　丽：开个人吧。

收银员：发票内容就开明细了。

王　丽：好的。

做练习

一、说一说

1. 根据情景完成会话。

（在商场）

A：在哪儿结账？我去_____。

B：收银台往前走就能看到。

（在收银台）

A：您有支付宝吗?

B：对不起，_____。

2. 根据提示完成会话。

A：现在结账方式有很多。

B：没错，可以_____。

| 微信 | 支付宝 | 现金 | 刷卡 |

3. 请和你的同学一起到教室前面表演前两题的会话。

二、连一连

结账　　　　　　ān zhuāng

收银员　　　　　míng xì

微信　　　　　　wēi xìn

安装　　　　　　jié zhàng

明细　　　　　shōu yín yuán

三、写一写

送						

积						

抵						

四、做一做

1. 回家后请和家人模拟课文进行练习，并拍下视频发到班级群里。

2. 请用手机编辑文字"您用微信还是支付宝支付？"发到班级群里。

3. 在写字本上写本课生字。

五、读一读

儿童礼物成网购大热门

随着"六一"儿童节的到来，不少销售儿童商品的商家纷纷推出促销活动。在网上商城里，"儿童狂欢节"也是电商近期推出的主要活动。从五月下旬以来，快递包裹的数量一直都在增加。

天猫商城里一家专卖玩具的店主王女士说，以前她店里每天可以卖出20多件玩具，现在她每天都要卖出50件以上的玩具。

除了给孩子买玩具，不少家长还会买课外书送给孩子。

快递员们表示，最近快递包裹数量大幅上升，其中不少都是家长送给孩子的礼物，原本每人一天送100件左右的包裹，最近几天都上升到了200件左右。

改编自七丽女性网文章《儿童节送什么礼物给孩子》

扫一扫，听录音

第6单元 逛街

第5课 | 逛街是一种享受

学词语

词语	拼音	例句
成家	chéng jiā	①我成家好多年了。 ②成家以后我很少逛街了。
即使	jí shǐ	①即使让我再选一次，我也还是会选他。 ②她不爱出门，即使如此，天下的大事小事她也都知道。
必经之地	bì jīng zhī dì	①这是我回家的必经之地。 ②这个关口是古代商队的必经之地。
淘	táo	①终于淘到我心爱的宝贝了。 ②我在网上淘到一条好看的裙子。
物美价廉	wù měi jià lián	①门口超市里的东西物美价廉。 ②网上物美价廉的东西真不少。
打道回府	dǎ dào huí fǔ	①劳动结束，我们可以打道回府了。 ②三天后，他们两手空空地打道回府了。
两手空空	liǎng shǒu kōng kōng	①我逛街从来没有两手空空地回来过。 ②他每天都早出晚归，但每次都两手空空。
网购	wǎng gòu	①我想网购一台电脑。 ②年轻人都喜欢网购。

词语	拼音	例句
解压	jiě yā	①解压的方式很多。 ②锻炼身体有助于解压。
行情	háng qíng	①现在市场的行情不太好。 ②我们要多多了解市场行情。
前列	qián liè	①孩子们走在队伍的前列。 ②中国在很多方面走在了世界的最前列。

学课文

　　女人一般都喜欢逛街购物，我也一样。自从成家后，特别是有了孩子后，逛街的次数就明显少了。即使如此，我还是会找时间和隔壁的张姐一起去逛街。

　　我俩最喜欢去步行街购物了，一逛就是大半天，饿了还可以在我们的必经之地吃点儿小吃。每次我们都能淘到物美价廉的东西。打道回府时，我们的手里总是拿着大包小包的一大堆东西，从没两手空空过。

　　现在虽然网购很流行，但我们还是觉得逛街最解压。逛街不但可以帮助我们了解市场行情，走在潮流的前列，而且对我们来说，就是一种享受。

做练习

一、说一说

1. 完成会话。

> A：成家以后咱俩逛街次数可少多了。
>
> B：＿＿＿＿＿＿＿＿＿＿＿，＿＿＿＿＿＿＿＿＿＿＿。（即使）

> A：你们什么时候回家？
>
> B：＿＿＿＿＿＿＿＿＿＿＿＿＿＿＿＿＿。（打道回府）

> A：你为什么这么喜欢逛街？
>
> B：＿＿＿＿＿＿＿＿＿＿＿＿＿＿＿＿＿。（享受）

2. 请和你的同学一起到教室前面表演前一题的会话。

二、写一写

1. 给下列词语标拼音。

（　　）	（　　）	（　　）	（　　）
逛街	前列	成家	解压
（　　）	（　　）	（　　）	（　　）
网购	淘	抬头	抵扣
（　　）	（　　）	（　　）	（　　）
明细	支付宝	一口价	性价比

2. 看拼音写字。

        jīng   bù   lián

必（   ）之地   （   ）行街   物美价（   ）

           fǔ   jí   shǒu

打道回（   ）   （   ）使   两（   ）空空

        jī   dǐ   sòng

（   ）分   （   ）扣   买一（   ）一

      tǒng   zhé   jiǎng

（   ）一   三（   ）   （   ）价

3. 在写字本上写本单元的生字。

三、答一答

1. 分享一次你讨价还价的经历。

2. 介绍一个你淘到的满意的东西。

3. 分享一次你逛街的经历。

4. 分享一次你品尝小吃的经历。

5. 谈谈你逛街购物的感受。

扫一扫，听录音

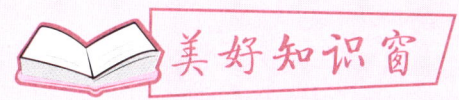

美好知识窗

柴米油盐酱醋茶

　　柴米油盐酱醋茶是平民百姓每天为生活而奔波的七件事，俗称"开门七件事"。"开门七件事"都与中国历史悠久的饮食文化有关。

　　随着社会的进步和人民生活水平的不断提升，"开门七件事"也随之而变化。在现代中国多数地区，柴已被石油气、天然气和煤气等所取代；米、油、盐、酱、醋仍是中国饮食文化的主要组成部分；至于茶，则发展成独树一帜的茶文化而闻名于世。

　　时至今日，"开门七件事"除了指老百姓家中的生活必需品外，更是指与老百姓切身利益有关的事情。

第 1 课 ｜ 我得减肥了

第 1 课时

学词语

词语	拼音	例句
三高	sān gāo	①"三高"即高血压、高血脂、高血糖。 ②人到中年后一定要注意防范"三高"。
减肥	jiǎn féi	①减肥要科学。 ②我需要减肥了。
节食	jié shí	①适当节食对身体有好处。 ②节食需要专业人士的指导。
反弹	fǎn tán	①球迅速反弹起来。 ②体重减轻后要注意反弹。
效果	xiào guǒ	①减肥效果很明显。 ②这种治疗方法效果很不错。
均衡	jūn héng	①荤素比例均衡很重要。 ②平时我们都要注意营养均衡。
避免	bì miǎn	①心脏不好的人要避免剧烈运动。 ②错误是不可避免的，但是不要重复。
脂肪	zhī fáng	①动物脂肪少吃为好。 ②优质脂肪可以增强一个人的免疫力。
持之以恒	chí zhī yǐ héng	①锻炼要持之以恒。 ②持之以恒是一种优秀品质。

词语	拼音	例句
监督	jiān dū	①领导要接受群众的监督。 ②各项工作都离不开监督。
一言为定	yì yán wéi dìng	①这周末咱们两家聚一下，一言为定。 ②再来北京，一定要联系我。咱们一言为定。

学会话

王丽与张艳在小区健身器材处。

王　丽：张姐好！在锻炼啊。

张　艳：是啊。我体检的结果出现了"三高"，医生说我得减肥了。

王　丽：我血脂也高，但血压、血糖还算正常，医生也让我注意控制饮食了。

张　艳：以前我也减过肥，主要是节食。不过，体重虽然下降快，但是反弹也快。

王　丽：我也节过食，效果确实不理想。

张　艳：医生建议，一要均衡饮食，避免高脂肪的食物；二要适当运动，一周三次左右；三要持之以恒。

王　丽：那咱俩从今天起就互相监督吧。

张　艳：一言为定。

做练习

一、说一说

1.根据情景完成会话。

（聊减肥）

A：听说您"三高"了，是吗？

B：是呀。＿＿＿＿＿＿＿、＿＿＿＿＿＿、＿＿＿＿＿都高。

（聊减肥）

A：减肥一要均衡＿＿＿＿＿＿，二要适当＿＿＿＿＿＿，
三要＿＿＿＿＿＿＿＿＿＿＿＿＿＿＿。

B：是的，这三点缺一不可。

2.根据提示完成会话。

A：咱俩一起＿＿＿＿＿＿＿＿＿＿＿＿＿＿＿吧。

B：没问题。

减肥	节食	运动	遛弯儿

3.请和你的同学一起到教室前面表演前两题的会话。

二、连一连

减肥	zhī fáng
节食	fǎn tán
脂肪	jiǎn féi
反弹	jié shí
避免	bì miǎn

三、写一写

衡

恒

效

四、做一做

1. 回家后请和家人模拟课文进行练习，并拍下视频发到班级群里。

2. 请用手机编辑文字"咱俩一起减肥吧"发到班级群里。

3. 在写字本上写本课生字。

扫一扫，听录音

五、读一读

2020 年中国国民健康状况

11 月 19 日，《2020 中国国民健康状况调查报告》（以下简称《报告》）在上海发布。《报告》调研了来自北京、广州、杭州、济南、南京、上海和深圳共 7 个城市的 3500 名受访者。报告显示，中国国民对身心健康管理能力的关注程度越来越高。随着人口结构和生活方式的变化，糖尿病及癌症等重大疾病在中国的发病率不断攀升。人们经常感受到情绪低落，其压力、焦虑和抑郁的程度也明显增高。尽早发现并及时治疗重大心理疾病至关重要。

改编自人民网文章《2020 中国国民健康状况调研报告：对身心健康管理能力的关注程度越来越高》

145

第 2 课 ｜ 体验一下有氧操吧

第 2 课时

学词语

词语	拼音	例句
遛弯儿	liù wānr	①我喜欢和张姐一起遛弯儿。 ②吃完饭遛弯儿的人越来越多了。
跑步机	pǎo bù jī	①很多家庭都买了跑步机。 ②天气不好时可以在跑步机上锻炼。
僧多粥少	sēng duō zhōu shǎo	①求职者多，工作岗位有限，僧多粥少。 ②由于僧多粥少，现在小时工的价格上涨了不少。
轮	lún	①今天轮到我值日了。 ②我们轮着打扫办公室卫生。
户外	hù wài	①我们去户外透透气吧。 ②户外运动有利于健康。
更别说	gèng bié shuō	①北方已经很热了，更别说南方了。 ②简单的题我都不会做，更别说难的了。
天寒地冻	tiān hán dì dòng	①冬季的西北边陲天寒地冻。 ②大西北早已天寒地冻，我们这里却温暖如春。
单一	dān yī	①我做饭只会煮，方法比较单一。 ②这个店里的货物品种单一，去过一次就不想再去了。
哑铃	yǎ líng	①我家里有一副哑铃。 ②经常举哑铃可以增强肌肉力量。

词语	拼音	例句
跳绳	tiào shéng	①跳绳是我最喜欢的运动。 ②跳绳不但可以健身，还可以减肥。
毽子	jiàn zi	①踢毽子是一项健身运动。 ②我们小时候踢的毽子都是自己做的。
体验	tǐ yàn	①我们应该多体验各种生活方式。 ②作家只有多体验生活才能写出好作品。
有氧操	yǒu yǎng cāo	①来跳有氧操吧。 ②跳有氧操有助于增强心肺功能。

学会话

张艳和王丽在小区里遛弯儿。

王　丽：咱们活动中心有跑步机了，改天咱俩也去那儿
　　　　锻炼吧。

张　艳：太好了！去的人多吗？

王　丽：特别多。僧多粥少，一般情况下都轮不上。

张　艳：我更喜欢户外运动。

王　丽：刮风下雨天都不适合去户外，更别说天寒地冻了。

张　艳：没错。但我们只走路有点儿单一。

王　丽：听说中心除了跑步机还有哑铃、跳绳、毽子、
　　　　有氧操等。

张　艳：我们现在就去体验一下有氧操吧！

做练习

一、说一说

1. 根据情景完成会话。

（聊健身）

A：去活动中心_____吧，那儿的运动器械多。

B：活动中心人那么多，能_____吗？

A：那里锻炼的器械多，_____。

2. 根据提示完成会话。

A：活动中心有_____可以锻炼。

B：是的。

器械	哑铃	跑步机	杠铃	跳绳

3. 请和你的同学一起到教室前面表演前两题的会话。

二、连一连

户外　　　　　　jiàn zi

哑铃　　　　　　tǐ yàn

跳绳　　　　　　hù wài

体验　　　　　　tiào shéng

毽子　　　　　　yǎ líng

三、写一写

轮

寒

氧

四、做一做

1. 回家后请和家人模拟课文进行练习，并拍下视频发到班级群里。

2. 请用手机编辑文字"一起去健身，怎么样？"发到班
级群里。

3. 在写字本上写本课生字。

扫一扫，听录音

五、读一读

运动健身对身体有哪些好处

1. 增加肌肉量，提升骨骼强度

经常运动健身可以使我们的骨骼更加强壮，增加骨密度。

2. 增强身体的免疫能力

当人体处于运动状态的，体内的新陈代谢会加速运转，体内各个器官的代谢机能会越来越好。

3. 有助于保持标准的体形

很多身材保持在最佳状态的人都有规律运动健身的习惯。

4. 改变人的精神状态

不少有规律运动习惯的人运动后就会觉得精神饱满，神清气爽。

5. 提升睡眠质量

在有规律地运动健身之后，睡眠质量能得到极大的改善，这样也能减少熬夜、失眠等对身体健康造成的不良影响。

第 7 单元　全民健身

第 3 课 | 广场舞跳起来

第 3 课时

学词语

词语	拼音	例句
广场舞	guǎng chǎng wǔ	①广场舞值得推广。 ②大妈们爱跳广场舞。
风雨无阻	fēng yǔ wú zǔ	①他常年坚持跑步，风雨无阻。 ②二十多年来，他风雨无阻，守护着这片林地。
支	zhī	①我送你一支钢笔吧。 ②这是一支能打胜仗的队伍。
曲子	qǔ zi	①这首曲子听起来韵味十足。 ②这首曲子节奏十分明快，表达了人们喜悦的心情。
功劳	gōng láo	①这点儿功劳不值得夸耀。 ②他为人民的事业立下了汗马功劳。
动作	dòng zuò	①她的每一个动作都很轻巧。 ②没想到他连这么难的动作都能完成。
编排	biān pái	①他负责编排节目。 ②课文的编排应由浅入深。
功夫	gōng fu	①他从小就开始学功夫了。 ②为学好数学，他下了不少功夫。
可不是	kě bú shì	①可不是，您说得太对了。 ②可不是，他这样做简直太过分了！

150

学会话

王丽和跳广场舞的大妈聊天儿。

王　丽：大妈，您的广场舞跳得真棒！跳了几年了？

大　妈：三年了，风雨无阻，天天跳。

王　丽：一晚上能跳多少支曲子？

大　妈：一个半小时能跳二十五支左右。

王　丽：你们跳的舞蹈特别有民族特色啊。

大　妈：是的。主要是我们舞蹈老师的功劳。

王　丽：可以看出来，音乐的选择、动作的设计都下了很大的功夫。

大　妈：可不是。我现在一听到这音乐就忍不住跟着节奏动起来。跟我们一起把广场舞跳起来吧！

做练习

一、说一说

1. 根据情景完成会话。

（和跳广场舞的大妈聊天儿）

A：您跳的时间不短了吧？

B：是的，三年了。＿＿＿＿＿＿＿＿＿＿＿＿＿＿，天天跳。

A：我一听到音乐就＿＿＿＿＿＿＿＿＿＿＿＿＿＿＿＿。

B：这是最好的感觉。

（聊舞蹈）

A：老师从＿＿＿＿＿＿＿到＿＿＿＿＿＿都下了功夫。

B：看出来了。

2. 根据提示完成会话。

A：这广场舞很有＿＿＿＿＿＿＿＿＿＿＿＿＿特色。

B：没错。

异域	时代	民族	新疆

3. 请和你的同学一起到教室前面表演前两题的会话。

二、连一连

曲子　　　　　guǎng chǎng wǔ

编排　　　　　dòng zuò

动作　　　　　biān pái

功夫　　　　　qǔ zi

广场舞　　　　gōng fu

三、写一写

阻										

功										

作										

四、做一做

1. 回家后请和家人模拟课文进行练习，并拍下视频发到班级群里。

2. 请用手机编辑文字"我也去跳广场舞了"发到班级群里。

3. 在写字本上写本课生字。

五、读一读

广　场　舞

　　广场舞逐渐走进社会生活，它是人民群众创造的舞蹈，是专属于人民群众的舞蹈。几十年来，广场舞不断发展，已经成了独具特色的民间艺术，扎根于群众的生活中了。

　　如今，广场舞已经受到越来越多不同年龄层次的人的喜爱，大家都开始关注自己的身体健康，年轻人和老年人的互动也为广场舞增加了许多乐趣。广场舞不仅是一种文化现象，更是一种值得关注的社会现象。它一方面反映着城市社区的完善程度，另一方面体现着中国特色社会主义制度下人民对生活的满意度，是精神文明提升的象征。

扫一扫，听录音

第7单元 全民健身

第4课 ｜ 乒乓球打得不错

第4课时

学词语

词语	拼音	例句
发球	fā qiú	①谁先发球？ ②他失去了发球权。
反手	fǎn shǒu	①他反手抓住小李的手，不肯松开。 ②我给他发了一个球，他一个反手给我打了回来。
猝不及防	cù bù jí fáng	①这个消息来得猝不及防。 ②下雨天汽车飞驰而过，行人猝不及防，常常被溅得满身是泥。
心服口服	xīn fú kǒu fú	①百姓都心服口服，没有怨言。 ②老师的讲解有理有据，令人口服心服。
夸奖	kuā jiǎng	①每个人都希望得到别人的夸奖。 ②他学习非常刻苦，老师经常夸奖他。
乒乓球	pīng pāng qiú	①他乒乓球打得不错。 ②这次乒乓球赛十分精彩。
坚持	jiān chí	①读书贵在坚持。 ②你再坚持一会儿，训练马上就结束了。
厉害	lì hai	①你好厉害啊！竟然全做对了！ ②这个设计师很厉害，在国际大赛中获了很多奖。

154

词语	拼音	例句
经验	jīng yàn	①年轻人经验不足，还需要多学习。 ②导师在长期的医疗实践中积累了丰富的经验。
技巧	jì qiǎo	①他有自己的销售技巧。 ②这一年来他的绘画技巧有了很大的进步。

学会话

李刚和邻居在打乒乓球。

李　刚：比赛正式开始，我发球了！

邻　居：没问题，我时刻准备着。

李　刚：你居然打回来了，我再一个反手，你还能接住吗？

邻　居：接不住，这也太猝不及防了。我认输了，输得心服口服。你打得真不错！

李　刚：哪里哪里，多谢夸奖。

邻　居：你学过打乒乓球吗？

李　刚：是的，学过一段时间，不过没坚持下来。

邻　居：学了多久？

李　刚：就学了小半年吧，后来工作太忙，抽不出时间就没再学。

邻　居：学了半年就能打得这么好，已经很厉害了。

李　刚：就是喜欢打球，一有空儿就打，打的时间长了就有些经验和技巧了。

做练习

一、说一说

1. 根据情景完成会话。

（在体育馆）

A：你喜欢打篮球还是乒乓球？

B：_____。

（在体育馆）

A：你学了多久乒乓球？

B：_____。

2. 根据提示完成会话。

A：_____，_____。

（猝不及防、心服口服）

B：哪里哪里，多谢夸奖。

A：你学过打乒乓球吗？

B：_____，_____。

（……，不过……）

3. 请和你的同学一起到教室前面表演前两题的会话。

二、连一连

乒乓球　　　　　　　　jīng yàn

发球　　　　　　　　　pīng pāng qiú

厉害　　　　　　　　　fǎn shǒu

经验　　　　　　　　　lì hai

反手　　　　　　　　　fā qiú

三、写一写

猝								
服								
夸								

四、做一做

1. 回家后请和家人模拟课文进行练习，并拍下视频发到班级群里。

2. 请用手机编辑文字"乒乓球比赛我赢了"发到班级群里。

3. 在写字本上写本课生字。

五、读一读

女 排 精 神

　　未曾想到，中国女排会以无缘八强这一自 1984 年洛杉矶奥运会夺冠以来的奥运最差战绩结束东京奥运之旅。在已经无缘八强的情况下，中国女排依然在最后两场小组赛完胜意大利和阿根廷。这是女排的正名之战，也是女排精神中"顽强拼搏、永不言弃"的体现。

女排精神从一开始就超出了体育范畴，给国人带来激励和感召。它不仅是中国体育的一面旗帜，更是整个民族锐意进取、昂首前进的精神动力。发扬女排精神，就是要在逆境中决不放弃，在低谷中坚持拼搏，在挫折后勇于奋起，始终保持昂扬向上的奋斗姿态。

体育在发展进步，人们的体育观也在与时俱进，女排精神也有了新的内涵。不唯金牌论，不唯成绩论，更多地从人性的角度理解、包容运动员，看到她们为了征战奥运赛场的付出和努力、泪水和汗水，这也是"更快、更高、更强——更团结"的奥林匹克格言的应有之义。

扫一扫，听录音

第7单元 全民健身

第5课 | 全民健身时代来临

第5课时

学词语

词语	拼音	例句
火热	huǒ rè	①她俩聊得火热。 ②他那火热的话语感动了在场的每一个人。
如火如荼	rú huǒ rú tú	①竞选活动进行得如火如荼。 ②随着互联网的推广和普及，电子商务发展得如火如荼。
持续	chí xù	①这场大雨持续了三天三夜。 ②学习的劲头要保持下去，这样才能取得好成绩。
陆续	lù xù	①课间操后，同学们陆续走回教室。 ②清明前后，杏花、桃花、李花都陆续开放了。
直接	zhí jiē	①下课后他直接回家了。 ②他直接拒绝了我的建议。
参与	cān yù	①他积极参与各项公益活动。 ②班级活动需要每一位同学的参与。
设施	shè shī	①请不要在公共设施上随便涂鸦。 ②我们要提高警惕，严防不法分子破坏铁路设施。
供给	gōng jǐ	①供给大于需求，产品的价格可能会下降。 ②只有高质量的供给，才能让消费者打开钱袋子。

词语	拼音	例句
逐年	zhú nián	①我们的知识逐年增长。 ②劳动力负担在逐年减少，城镇人口和流动人口逐年增加。
不断	bú duàn	①只有不断学习，才能不断进步。 ②乌云不断地聚集着，天色越来越暗了。
增强	zēng qiáng	①我们要增强学习的信心。 ②坚持体育锻炼，增强人民体质。

学课文

　　今年"全民健身日"活动期间，"2022年全国大众欢乐冰雪周"系列活动火热开展。线下活动如火如荼，线上赛事持续升温。骑行、跑步、滑板、跳绳等项目在"全民健身线上运动会"平台陆续上线。直接参与人数达1160万，证书发放270万余份。

　　近年来，全民健身场地设施供给逐年增加。到2021年底，全国人均体育场地面积达2.41平方米，比2019年增加了15.9%。社会体育指导员队伍建设不断增强，目前，全国社会体育指导员人数已达270万。

做练习

一、说一说

1. 完成会话。

A：今年"全民健身日"活动期间举办了什么活动？

B：＿＿＿＿＿＿＿＿＿＿＿＿＿＿＿＿＿。（系列）

A："全民健身线上运动会"都有哪些项目？

B：＿＿＿＿＿＿＿＿＿＿＿＿＿＿＿＿＿。（平台）

A：2021 年底全国人均体育场地面积比 2019 年增加了多少？

B：＿＿＿＿＿＿＿＿＿＿＿＿＿＿。（……比……）

2. 请和你的同学一起到教室前面表演前一题的会话。

二、写一写

1. 给下列词语标拼音。

（　　　）　　（　　　　）　　（　　　　）　　（　　　　）

　监督　　　　　避免　　　　　遛弯儿　　　　毽子

（　　　）　　（　　　　）　　（　　　　）　　（　　　　）

　跳绳　　　　　曲子　　　　　功夫　　　　　技巧

（　　　）　　（　　　　）　　（　　　　）　　（　　　　）

　经验　　　　如火如荼　　　　夸奖　　　　　哑铃

2. 看拼音写字。

   chōu   fú   fú   xiào

（　　　　）不出　　　　心（　　　　）口（　　　　）　　　（　　　　）果

   zuò   cù   jí   gōng

动（　　　　）　　　（　　　　）不（　　　　）防　　　（　　　　）劳

        zǔ   hán   dòng   yǎng

风雨无（　　　　）　　天（　　　　）地（　　　　）　　有（　　　　）操

   lún   zhī   héng   héng

（　　　　）流　　　　持（　　　　）以（　　　　）　　均（　　　　）

3. 在写字本上写本单元的生字。

三、答一答

1. 分享你知道的减肥方法。

2. 分享一次你健身的经历。

3. 分享一个你熟悉的运动项目。

4. 向大家介绍一场体育比赛。

5. 你对全民健身怎么看？

扫一扫，听录音

 美好知识窗

鸟　巢

国家体育场又名"鸟巢"，是2008年北京奥运会主场馆、2022年北京冬奥会和冬残奥会开闭幕式场馆，也是全球首个"双奥开闭幕式场馆"。

国家体育场"鸟巢"位于北京奥林匹克公园中心区，占地20.4万平方米，建筑面积25.8万平方米，可容纳观众9.1万人。国家体育场为特级体育建筑，主体结构设计使用年限100年，主体建筑是由一系列钢桁架围绕碗状座席区编制而成的椭圆鸟巢外形，南北长约333米、东西宽约296米，最高处高约69米。

作为代表国家形象的标志性建筑，鸟巢超越了纯粹的体育或建筑概念，承载着深远的社会意义，已经成为国际交往的平台和展示中国形象的重要窗口。

第8单元 求职

第1课 | 这个工作怎么样

第1课时

学词语

词语	拼音	例句
招聘	zhāo pìn	①这个公司正在招聘员工。 ②你符合那个公司的招聘条件吗?
启事	qǐ shì	①公共栏里贴了一张寻人启事。 ②捡到东西可以发招领启事便于失主认领。
优先	yōu xiān	①请老人优先上车。 ②单位优先录取应届毕业生。
底薪	dǐ xīn	①请问底薪是多少? ②快递员的收入包括底薪和提成。
多劳多得	duō láo duō dé	①按劳分配就是多劳多得,少劳少得。 ②多劳多得,少劳少得,这是理所当然的。
缴纳	jiǎo nà	①他去缴纳罚金了。 ②单位应为员工缴纳五险一金。
待遇	dài yù	①这家公司待遇很好。 ②我想找个待遇好一点儿的工作。
全勤	quán qín	①他这个月全勤。 ②我们每个月的全勤奖是200元。
包	bāo	①我们包您满意。 ②我想找个包吃包住的工作。

164

学会话

李刚准备跳槽，最近一直在网上找工作。

王　丽：你在看什么呢？

李　刚：我在看招聘启事。

王　丽：还在看货车司机的工作？

李　刚：是啊，换个满意的工作不容易。丽丽，你看看这个工作怎么样？

王　丽：招聘小货车司机 3 名，学历不限，年龄 45 周岁以下，B2 及以上驾驶证，有经验者优先。工作地点在本地。工资是多少啊？

李　刚：底薪三千，多劳多得，上不封顶，缴纳五险一金。

王　丽：福利、待遇怎么样？

李　刚：有节日福利，还有全勤奖，但是不包吃住。

王　丽：还不错。要不然咱们试试吧。

李　刚：好，心动不如行动！

做练习

一、说一说

1. 根据情景完成会话。

（在人才市场）

A：您好，请问＿＿＿＿＿＿＿＿＿＿＿＿＿＿＿？

B：我想找一份＿＿＿＿＿＿＿＿＿＿＿＿＿＿。

（在人才市场）

A：请问，贵单位＿＿＿＿＿＿＿＿＿＿＿＿＿＿＿＿＿＿＿＿？

B：我们一共招五个人。

2. 根据提示完成会话。

A：这家公司＿＿＿＿＿＿＿＿＿＿＿＿＿＿＿＿＿怎么样？

B：挺不错的。＿＿＿＿＿＿＿＿＿＿＿，＿＿＿＿＿＿＿＿＿＿。

（除了……，还……）

A：我看这份工作挺＿＿＿＿＿＿＿＿＿＿＿＿＿＿＿＿＿＿。

B：确实。

A：＿＿＿＿＿＿＿＿＿＿＿＿＿＿＿，＿＿＿＿＿＿＿＿＿＿＿＿。

（要不然、心动不如行动）

A：你想找个＿＿＿＿＿＿＿＿＿＿＿＿＿＿＿＿＿＿的工作？

B：没错。

| 驾驶员 | 厨师 | 修理工 | 销售 |

3. 请和你的同学一起到教室前面表演前两题的会话。

二、连一连

招聘   dài yù

待遇   jiǎo nà

缴纳   qǐ shì

启事   zhāo pìn

底薪   dǐ xīn

三、写一写

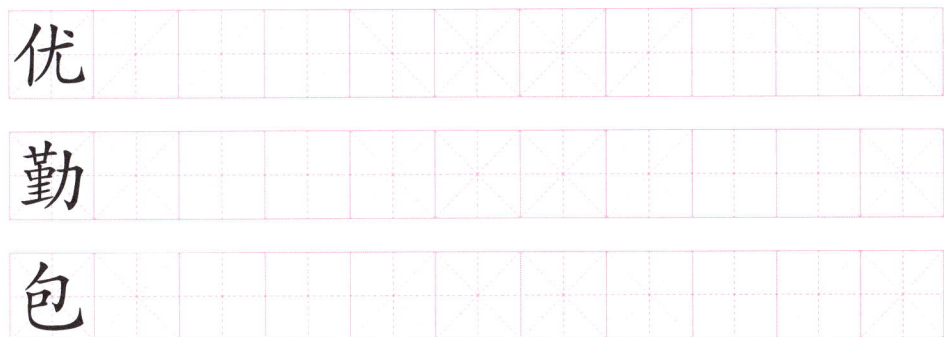

四、做一做

1. 回家后请和家人模拟课文进行练习，并拍下视频发到班级群里。

2. 请用手机编辑文字"我想找个……的工作"发到班级群里。

3. 在写字本上写本课生字。

五、读一读

扫一扫，听录音

五 险 一 金

　　国家发展社会保险，建立社会保险制度，设立社会保险基金，使劳动者在年老、患病、失业、工伤、生育等情况下获得帮助和补偿。"五险一金"是用人单位给予劳动者的几种保障性待遇的合称。根据《社会保险法》和《住房公积金管理条例》规定，企业必须给职工缴足"五险一金"。五险一金是劳动者的基本保险。

　　"五险"是指养老保险、医疗保险、失业保险、工伤保险和生育保险，"一金"是指住房公积金。其中养老保险、医疗保险和失业保险由企业和个人共同缴费；而生育保险和工伤保险完全由企业承担，个人不需要缴费。

　　社会保险的月缴基数一般是按照职工上年度全年工资的月平均值来确定的。

第 2 课 | 我的简历快写好了

第 2 课时

学词语

词语	拼音	例句
简历	jiǎn lì	①这是我的简历。 ②我给那家公司投了一份简历。
模板	mú bǎn	①网上的简历模板很多。 ②你按照模板写就可以。
基本	jī běn	①请填写您的基本信息。 ②请介绍一下您的基本情况。
信息	xìn xī	①网上的招聘信息很多。 ②现在是信息爆炸的时代。
经历	jīng lì	①他有两年的工作经历。 ②他经历过两次部门重组。
丰富	fēng fù	①您的工作经历很丰富啊。 ②我们要多丰富自己的经历。
重头戏	zhòng tóu xì	①端午节的重头戏是赛龙舟。 ②除夕的年夜饭一直是百姓过年的重头戏。
简洁明了	jiǎn jié míng liǎo	①简历要写得简洁明了。 ②我们回答面试官的问题要简洁明了。
自我	zì wǒ	①请您做一下自我介绍。 ②我们要勇于自我批评。
贴	tiē	①简历上要贴照片。 ②照片是贴在这里吗？

学会话

李刚正在电脑上写简历。

李　刚：丽丽，我的简历快写好了，快来帮我看看吧！

王　丽：好啊，我看看你写得怎么样？

李　刚：我在网上找了个简历模板。你看，这里是基本信息，包括姓名、年龄、性别和联系电话，等等。

王　丽：嗯，工作经历的内容很丰富啊！

李　刚：工作经历可是简历里的重头戏，我可下了不少功夫。

王　丽：写得挺不错的，简洁明了。

李　刚：不过，自我评价我改来改去，总写不好。

王　丽：好事多磨嘛！咱们去网上查查资料。

李　刚：好主意！写好后，咱们再打印出来。

王　丽：对了，可别忘了贴照片。

李　刚：放心吧，照片早就准备好啦！

做练习

一、说一说

1. 根据情景完成会话。

（写简历）

A：你看_____？

B：写得还不错，简洁明了。

（毕业生在交谈）

A：_____？

B：我投了五份简历。

2. 根据提示完成会话。

A：你怎么愁眉苦脸的？

B：写好简历不容易啊！_____，_____。

（……来……去）

A：你的简历写得真不错！

B：我可_____。（功夫）

A：简历上有什么内容？

B：有_____、_____和_____。

| 姓名 | 家庭住址 | 工作经历 | 兴趣爱好 |

3. 请和你的同学一起到教室前面表演前两题的会话。

二、连一连

模板   jī běn
基本   mú bǎn
自我   zì wǒ
简历   fēng fù
丰富   jiǎn lì

三、写一写

信

历

戏

四、做一做

1. 回家后请和家人模拟课文进行练习，并拍下视频发到班级群里。

2. 请用手机编辑文字"简历上有……"发到班级群里。

3. 在写字本上写本课生字。

五、读一读

优秀简历的特点

　　简历是求职者给招聘单位发的一份简要的自我介绍。一份优秀的简历应包含以下特征：

　　1. 简洁明了

　　简历，以简明为宜，一般以一页 A4 纸为限，无需封面。排版要清楚大方，不要过于复杂，重要信息放在靠前的位置，最好一行只写一句话，每句话能够独立地表述一个意思。

　　2. 针对性强

　　选择与所求职位相关的信息来写，突出相关的能力和实习经历，让简历更有针对性。列出的能力并非越多越好，重点是让用人单位的人事经理看到你应聘这个岗位是合适的。因此，针对不同的岗位，最好设计不同的简历。如果因为偷懒，用一个简历"通吃"，效果可能不好。

3. 重点清晰

用人单位在招聘时会收到很多简历，因此，人事经理在每一份简历上不会花费过多的时间。应将简历最重要的信息凸显或单列出来，确保人事经理能够在第一时间看到。突出自己简历中的亮点，让人产生兴趣，势必会增加被选中的机会。

扫一扫，听录音

第8单元 求职

第3课 | 我们会通知您面试的结果

第3课时

学词语

词语	拼音	例句
贵	guì	①请问您贵姓？ ②我希望能够加入贵公司。
应聘	yìng pìn	①很多人想来这家公司应聘。 ②我是来应聘销售员工作的。
从事	cóng shì	①请问您从事过什么工作？ ②我从事教师工作已经五年了。
持有	chí yǒu	①货车司机需持有哪些证件？ ②大家对这个问题持有不同的看法。
路况	lù kuàng	①这位司机很熟悉路况。 ②雨越下越大，路况变得更差了。
熟悉	shú xi	①他和同事渐渐熟悉起来了。 ②我们要熟悉自己的工作环境。
过硬	guò yìng	①他的专业技术过硬。 ②我在学校学到了过硬的本领。
保质保量	bǎo zhì bǎo liàng	①他保质保量完成了工作任务。 ②我们要保质保量完成各项任务。
维修	wéi xiū	①这台电脑需要维修一下。 ②经过维修后的汽车发动起来了。

词语	拼音	例句
沉稳	chén wěn	①他的性格一向沉稳。 ②自信与坚持都源于一颗沉稳、勇敢、乐观进取的心。
负责	fù zé	①校长负责学校各个方面的工作。 ②小李办事认真负责，经常受到表扬。
踏实	tā shi	①工作要踏踏实实，认认真真。 ②学习一定要踏实，来不得半点儿虚假。
肯干	kěn gàn	①老张工作肯干，多次受到表扬。 ②我们要想干事、肯干事、能干事、干成事，对待工作尽心尽力。
善于	shàn yú	①爸爸善于交际，结识了很多朋友。 ②我们看事情，要善于通过现象把握本质。
规章制度	guī zhāng zhì dù	①员工要严格遵守单位的规章制度。 ②遵守单位的规章制度对我们的工作有益。
通知	tōng zhī	①我收到了面试通知。 ②如果开会时间有变，请提前通知我。
共事	gòng shì	①我们一起共事多年。 ②我希望能与你们一起共事。

学会话

李刚正在面试。

李　刚：尊敬的各位考官，早上好！

面试官：您好，请坐。请您先自我介绍一下。

李　刚：首先，感谢贵单位能让我来参加此次面试。我叫李刚，今年35岁，来贵单位应聘司机岗位。

本人从事驾驶工作已满 10 年，持有 B2 驾照，无不良驾驶记录。

面试官：那您对本地的路况熟悉吗？

李　刚：我已经在本地生活好几年了，对这里的路况非常熟悉。

面试官：请问您是如何评价自己的？

李　刚：首先，我的驾驶技术过硬，能保质保量完成货物运输工作；其次，我也会一些基本的汽车维修、保养技术；最后，我认为自己性格沉稳，不怕吃苦，对待工作认真负责，踏实肯干，善于沟通，遵守各项规章制度。

面试官：您的各方面条件都挺不错。我们明天会打电话通知您面试的结果。

李　刚：好的，谢谢。希望能够加入贵单位，与大家一起共事。

做练习

一、说一说

1. 根据情景完成会话。

（面试）

A：请您_____。

B：我叫李刚，今年 35 岁……

（面试）

A：请问您_____什么职位？

B：我_____。

A：您有相关工作经验吗？

B：_____。

2. 根据提示完成会话。

A：您是本地人吗？

B：_____，_____。（熟悉）

A：自我介绍应包括哪些内容？

B：自我介绍应包括你的_____、_____、_____。

| 基本信息 | 性格特点 | 工作经历 | 兴趣爱好 |

3. 请和你的同学一起到教室前面表演前两题的会话。

二、连一连

应聘   chí yǒu

持有   tā shi

踏实   yìng pìn

沉稳   shàn yú

善于   chén wěn

三、写一写

职

硬

责

四、做一做

1. 回家后请和家人模拟课文进行练习，并拍下视频发到班级群里。

2. 请用手机编辑文字"我是来应聘……的"发到班级群里。

3. 在写字本上写本课生字。

五、读一读

面试中的小技巧

1. 基本礼仪

参加面试时一般要比约定的面试时间提前 5 ～ 10 分钟抵达面试地点，整理自己的仪表和心态。进入面试场地时，门如果是关着的，应先敲门，得到允许后再进去，开关门动作要轻。见到面试官应主动打招呼问好，称呼应当得体。面试过程中，应简练、准确地回答面试官的问题。在整个面试过程中，不必过于紧张，举止应文雅大方。

2. 谈话技巧

同面试官交谈的过程中，应注意发音清晰、准确，还要注意控制说话的速度。因此，语气应平和，音量的大小以对方听清你说的话为原则。自我介绍时，最好多用平缓的陈述语气。

177

3.答题技巧

答题要把握重点，简洁明了，条理清晰。此外，富有个人见解、个人特色的回答能给面试官留下更深刻的印象。面试时遇到自己不知、不懂、不会的问题时，应诚恳、坦率地承认，这样反而会赢得面试官的信任和好感。

4.消除紧张感

面试时紧张是很正常的心理状态。因此，在面试前可通过听歌、看书等一些轻松愉快的活动来减少自己的紧张感，避免等待时产生紧张、焦虑的情绪。紧张时先不要急于讲话，这样会容易出错，而应集中精力听完提问，再一一应答。一般开始讲话时可以有意识地放慢自己的语速，等慢慢进入状态后再适当加重语气、加快语速。

扫一扫，听录音

第 8 单元　求职

第 4 课 ｜ 我是来办理入职手续的

学词语

词语	拼音	例句
入职	rù zhí	①入职前要办理相关手续。 ②新员工入职要进行岗前培训。
手续	shǒu xù	①我的入职手续已经办好了。 ②请问在哪儿办理入职手续？
资料	zī liào	①我的入职资料都带来了。 ②关于这个问题，你可以查一查相关资料。
劳动合同	láo dòng hé tóng	①我跟公司的劳动合同签了三年。 ②请问我们什么时候签订劳动合同？
填写	tián xiě	①他在填写个人信息。 ②请将填写好的表格交给我。
试用期	shì yòng qī	①他在试用期表现很好。 ②请问试用期是多长时间？
合格	hé gé	①他的成绩不合格。 ②我们要做一名合格的员工。
转正	zhuǎn zhèng	①他符合转正的要求。 ②我们是不是一个月后转正？
到岗	dào gǎng	①请大家明天准时到岗。 ②我们的到岗时间是几点？

词语	拼音	例句
旷工	kuàng gōng	①旷工会受到处罚。 ②他多年来从没有旷过工。
任务	rèn wu	①他提前完成了这项任务。 ②我们要按时完成工作任务。
定期	dìng qī	①我们应该定期体检，保证身体健康。 ②我国每年定期召开全国人民代表大会。

学会话

李刚通过面试后，来到公司办理入职手续。

李　　刚：您好，我叫李刚。我是来办理入职手续的。

人事专员：您好，很高兴见到您。您的入职资料都带来了吗？

李　　刚：都带来了。请您检查一下。

人事专员：嗯，资料都全了。您先看一下劳动合同，看完以后需要填写相关信息。您的试用期是一个月，试用合格后转正。

李　　刚：好。这些地方是由我来填写吗？

人事专员：是的，您填完以后交给我，然后我再把公司的规章制度给您讲一下。

李　　刚：好的，那会对我帮助很大。

人事专员：我们要求员工准时到岗，不早退、旷工。驾

驶员要安全高效地完成运输任务，爱护车辆，
定期检查、维修车辆。

李　　刚：我会严格遵守规章制度。

人事专员：我先带您熟悉一下工作环境，然后再和同事
们见见面。

李　　刚：好的。

做练习

一、说一说

1.根据情景完成会话。

（交入职材料）

A：您的入职材料_____？

B：都_____。

A：先填一下这个表。

A：我需要_____哪些内容？

B：您需要_____。

（有关劳动合同）

A：我们什么时候_____？

B：您入职当天我们就_____。

2. 根据提示完成会话。

> A：我_____带你看一下办公区域，_____。
> （先、然后）
>
> B：好的，辛苦您了！

> A：请问办入职手续需要哪些材料？
>
> B：需要_____、_____、_____。

| 身份证复印件 | 体检合格证明 | 一寸照片 | 资格证原件 |

3. 请和你的同学一起到教室前面表演前两题的会话。

二、连一连

手续　　　　　　zhuǎn zhèng

转正　　　　　　rèn wu

到岗　　　　　　dào gǎng

旷工　　　　　　shǒu xù

任务　　　　　　kuàng gōng

三、写一写

填

期

规

四、做一做

1. 回家后请和家人模拟课文进行练习，并拍下视频发到班级群里。

2. 请用手机编辑文字"我是来办理入职手续的"发到班级群里。

3. 在写字本上写本课生字。

五、读一读

签劳动合同需要知道的事

劳动合同是劳动者与用人单位之间确立劳动关系、明确双方权利和义务的书面协议。《劳动合同法》明确规定：建立劳动关系，应当订立书面劳动合同。

劳动合同上有用人单位的名称、住所和法定代表人或者主要负责人，劳动者的姓名、住所和居民身份证或者其他有效身份证件号码，劳动合同期限，工作内容和工作地点，工作时间和休息休假，劳动报酬，社会保险，劳动保护、劳动条件和职业危害防护，法律、法规规定应当纳入劳动合同的其他事项。

劳动合同分为三类：一是固定期限劳动合同，二是无固定期限劳动合同，三是以完成一定工作任务为期限的劳动合同。

按照规定，建立劳动关系的一个月内，用人单位应与劳动者签订劳动合同。劳动合同生效后，劳动合同文本由用人单位和劳动者各留存一份。

试用期包含在劳动合同期限内。同一用人单位与同一劳动者只能约定一次试用期。劳动者在试用期的工资不得低于本单位相同岗位最低档工资的 80%，或者不得低于劳动合同约定工资的 80%，并不得低于用人单位所在地的最低工资标准。

此外，用人单位与劳动者协商一致，是可以解除劳动合同的。要注意，转正后的劳动者应提前三十日以书面的形式告知用人单位，可以解除劳动合同；而试用期的劳动者，应提前三日告知用人单位，即可解除劳动合同。

改编自"学习强国"文章《签劳动合同，这些要注意》

扫一扫，听录音

第 8 单元　求职

第 5 课 | 做好职业规划

第 5 课时

学词语

词语	拼音	例句
创业	chuàng yè	①他大学毕业后想自己创业。 ②现在正是年轻人创业的有利时机。
职业	zhí yè	①您的职业是医生还是老师？ ②我们要选择适合自己的职业。
规划	guī huà	①这件事还需要具体地规划一下。 ②十年树木，百年树人，做事要有长远规划。
事半功倍	shì bàn gōng bèi	①好方法事半功倍，好习惯受益终身。 ②这样做可以事半功倍，否则事倍功半。
大致	dà zhì	①我已经大致了解了。 ②您最好先确定一个大致的就业方向。
范围	fàn wéi	①随着社会的发展，我们的就业范围也越来越大。 ②他的阅读范围很广，不仅有文学作品，还有科技作品。
专业	zhuān yè	①每个专业技术人员都应该精通自己的业务。 ②同学们都在认真填写自己报考的大学和专业。
行业	háng yè	①你们行业竞争激烈不激烈？ ②随着经济发展，很多行业像雨后春笋一样成长起来。

词语	拼音	例句
前景	qián jǐng	①您认为这一行业的发展前景如何？ ②今年风调雨顺，大丰收的前景令人欣喜。
锁定	suǒ dìng	①比分最终锁定在 2 比 0 上。 ②成功就是你锁定并坚持自己的目标，不要中途放弃。
制订	zhì dìng	①我们先制订一个旅游方案吧。 ②制订就业计划一定要从实际出发。
切实可行	qiè shí kě xíng	①他提出的这个办法是切实可行的。 ②职业规划要切实可行，才能达到预期目标。
根据	gēn jù	①我们要根据自己的能力找到适合自己的工作。 ②要根据每个人的能力安排工作，让大家各得其所。
调整	tiáo zhěng	①面试之前，我们要调整好自己的状态。 ②我们要根据实际情况灵活调整自己的计划。

学课文

　　不管是就业还是创业，都少不了职业规划。正所谓"磨刀不误砍柴工"，做好职业规划会起到事半功倍的效果。首先，在了解自己能力、兴趣和优缺点的基础上，寻找自己喜欢并适合自己的工作，从而大致确定自己的就业范围；然后，进一步了解想要从事的职业，如职业所需的专业技能、能力和行业的发展现状、未来前景等；最后，锁定就业目标，并给自己制订一个切实可行的计划，不断向目标靠近。另外，也要根据现实的变化及时调整自己的职业规划。

做练习

一、说一说

1. 完成会话。

> A：提前做好职业规划非常重要。
>
> B：是啊，_____，_____。
>
> （不管……还是……）

> A：我们怎么样才能确定自己的就业范围？
>
> B：_____，_____。
>
> （了解、寻找、适合）

> A：锁定就业目标后，我们该做些什么？
>
> B：_____，_____。
>
> （制订、切实可行、调整）

> A：职业规划可以调整吗？
>
> B：当然！_____。（根据、及时）

2. 请和你的同学一起到教室前面表演前一题的会话。

二、写一写

1. 给下列词语标拼音。

（　　　　）　　　（　　　　）　　　（　　　　）　　　（　　　　）

    职业　　　　　　定期　　　　　　底薪　　　　　　缴纳

（　　　　）　　　（　　　　）　　　（　　　　）　　　（　　　　）

    待遇　　　　　　行业　　　　　　制订　　　　　　根据

（　　　　）　　　（　　　　）　　　（　　　　）　　　（　　　　）

    调整　　　　　　维修　　　　　　前景　　　　　　基本

2. 看拼音写字。

    yè　　　　　　　huà　　　　　　zé　　　　　　　dà

创（　　　）　　规（　　　）　　负（　　　）　　（　　　）致

    wéi　　　　　　zhuān　　　　　xìn　　　　　　　dìng

范（　　　）　　（　　　）业　　（　　　）息　　锁（　　　）

    yōu　　　　　　　lì　　　　　　　liào　　　　　　　lì

（　　　）先　　经（　　　）　　资（　　　）　　简（　　　）

3. 在写字本上写本单元的生字。

三、答一答

1. 分享一次你找工作的经历。

2. 分享一次你写简历的经历。

3. 分享一次你面试的经历。

4. 分享一次你入职的经历。

5. 我们该如何做职业规划？

扫一扫，听录音

188

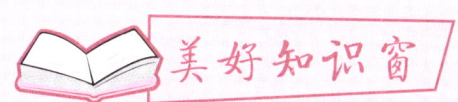美好知识窗

劳动者高温权益

　　高温天气是指地级市以上气象主管部门所属气象台向公众发布的日最高气温 35℃ 以上的天气。根据相关规定，日最高气温达到 40℃ 以上时，应当停止当日室外露天作业；日最高气温达 37℃ 以上、40℃ 以下时，用人单位全天安排劳动者室外露天作业时间累计不得超过 6 小时，连续作业时间不得超过国家规定，且在气温最高时段 3 小时内不得安排室外露天作业；日最高气温达 35℃ 以上、37℃ 以下时，用人单位应当采取换班轮休等方式，缩短劳动者连续作业时间，不得安排室外露天作业劳动者加班。

　　用人单位安排劳动者在 35℃ 以上高温天气从事室外露天作业，以及不能采取有效措施将工作场所温度降低到 33℃ 以下的，应当向劳动者发放高温津贴，并纳入工资总额。高温津贴事实上属于工资的组成部分，用人单位应该按照所在地区的具体规定，在符合支付条件的情况下，以货币形式及时、足额向劳动者支付。

　　《中华人民共和国劳动法》规定，用人单位必须为劳动者提供符合国家规定的劳动安全卫生条件和必要的劳动防护用品。因此，劳动者在高温条件下工作时，用人单位应当为劳动者发放降温、防晒、解暑等工作设备、物品及药品等。事实上，中暑也是一种"职业病"，劳动者因高温天气作业引起中暑的，可以向职业病诊断机构申请职业病诊断，符合规定的可以享受工伤保险待遇。

第 9 单元　应急处理

第 1 课｜我想补办一张身份证

学词语

词语	拼音	例句
补办	bǔ bàn	①身份证补办手续有哪些？ ②我们现在可以在网上补办身份证。
邮寄	yóu jì	①您可以选择邮寄到家或者自取。 ②我们在邮寄包裹时，一定要把物品包装好。
收取	shōu qǔ	①我们这儿只收取现金。 ②办理退款均不收取手续费。
常住	cháng zhù	①您的常住地址是哪儿？ ②我们市有七十万常住人口。
以免	yǐ miǎn	①不要在马路上玩耍，以免发生意外。 ②出门前应该跟家人说一下，以免让人担心。
录入	lù rù	①录入这些信息需要多长时间？ ②工作人员在录入我的个人信息。
工本费	gōng běn fèi	①请您支付 15 元工本费。 ②办理身份证的工本费是多少？
加急	jiā jí	①我想要办理加急业务。 ②加急快递要快得多，但收费也要高一些。
受理	shòu lǐ	①这是您的受理回执单。 ②地方法院受理了这个案件。
回执	huí zhí	①请保管好您的回执单。 ②请您给我开一张回执好吗？

学会话

李刚来到派出所户政大厅窗口补办身份证。

李　　刚：您好！我的身份证丢了，我想补办一张身份证。

户籍民警：您带户口簿了吗？

李　　刚：带了，这是我的户口簿。

户籍民警：请您填写登记表。您是想邮寄到家还是自取？邮寄将收取快递费。

李　　刚：邮寄。

户籍民警：好的，地址信息请填写您的常住地址，以免收不到身份证。

李　　刚：填好了，给您。

户籍民警：请您稍等，我录入一下您的信息……好了。工本费是 40 元。五个工作日后将身份证邮寄到您家。

李　　刚：请问可以加急吗？

户籍民警：可以加急。加急身份证一个工作日后邮寄到您家。另外，我们要收取加急费。

李　　刚：好的，请您给我办理加急。

户籍民警：好了。您拿上单子左转，去照相室拍照、录指纹。

李　　刚：好的。麻烦您了。

户籍民警：不客气。请拿好您的受理回执单。

做练习

一、说一说

1. 根据情景完成会话。

（身份证丢了）

A：异地可以_____身份证吗？

B：可以。

（办理身份证）

A：您_____还是_____？

B：我想邮寄到家。

2. 根据提示完成会话。

A：可不可以_____？（加急）

B：可以。

A：多长时间可以收到身份证？

B：_____。（七个工作日、邮寄）

A：补办身份证可以携带哪些有效证件？

B：可以携带有效期内的_____。

| 户口簿原件 | 驾驶证 | 社保卡 | 暂住证 |

3. 请和你的同学一起到教室前面表演前两题的会话。

二、连一连

补办　　　　　　shòu lǐ

邮寄　　　　　　jiā jí

受理　　　　　　bǔ bàn

加急　　　　　　yóu jì

回执　　　　　　huí zhí

三、写一写

取

常

录

四、做一做

1. 回家后请和家人模拟课文进行练习，并拍下视频发到班级群里。

2. 请用手机编辑文字"我想补办一张身份证"发到班级群里。

3. 在写字本上写本课生字。

五、读一读

电子身份证知多少

　　不管是购房，买车，乘坐高铁、飞机还是在酒店住宿，我们都会频繁使用到个人证件——身份证。忘带身份证时，我们应该怎么办呢？这时候电子身份证就起到了很大的作用。

　　近来，为了使居民生活更加便利，全国多座城市陆续宣布开始试用居民电子身份证。据了解，目前这些城市的居民可以通过支付宝、微信申请办理居民电子身份证。

　　居民电子身份证是指将公民个人身份信息通过人脸识别生物技术比对后，在手机上生成电子证件，用于用户身份识别。居民电子身份证是由公安部第一研究所可信身份认证平台（CTID）认证的"居民身份证网上功能凭证"。目前，全国累计已有20多座城市试用了居民电子身份证。

　　居民在完成相关认证后，凭借居民电子身份证，可以在公安管理范围内办理各项业务，如享受公安服务、接受公安检查等。居民电子身份证效用等同于实体证件。但就目前而言，居民电子身份证的使用范围还比较有限，不同城市的规定也有所不同，具体规定应以各地官方公布的信息为准。

　　电子身份证会被冒用吗？即便手机丢失，电子身份证被冒用的可能性也微乎其微。在使用电子身份证时，用户需要先通过验指纹或刷脸，证明是本人后才能进入页面。在打开二维码时，还要再次刷脸验证。使用过程中的多次验证使电子身份证被冒用的可能性极低。

改编自人民网文章《忘带证件？电子身份证了解一下》

扫一扫，听录音

第2课 | 有个同事晕倒了

第2课时

学词语

词语	拼音	例句
凉快	liáng kuai	①太热了，到树荫下凉快凉快！ ②下了一场雨，天气凉快多了。
火炉	huǒ lú	①武汉素有"火炉"之称。 ②夏天的太阳像个大火炉，把大地烤得发烫。
中暑	zhòng shǔ	①我感到头晕眼花，可能是中暑了。 ②这样烈日炎炎的天气，大家一定要小心中暑。
晕倒	yūn dǎo	①请问晕倒的病人在哪里？ ②由于劳累过度，他晕倒在地。
急救	jí jiù	①请迅速拨打急救电话！ ②在突发疾病时，可拨打急救中心的电话。
措施	cuò shī	①这个单位的防火措施做得非常到位。 ②进入雨季，要采取一些措施，防止农田被淹。
转移	zhuǎn yí	①客观规律是不以人的意志为转移的。 ②医护人员迅速将伤员转移到安全的地方。
阴凉	yīn liáng	①他们把病人转移到阴凉通风处。 ②这种药品需要贮存在阴凉干燥处。
散热	sàn rè	①天气热时，我们可以开窗散热。 ②高温天气下，我们要注意好防晒散热。

词语	拼音	例句
降温	jiàng wēn	①天热时出汗可使皮肤降温。 ②暑假结束后，旅游热开始降温。
齐心协力	qí xīn xié lì	①拔河比赛最需要齐心协力。 ②只要齐心协力，什么事都能办好。
大碍	dà ài	①医生说这病没什么大碍，休息几天就好了。 ②幸亏被路人及时送到医院，他的身体并无大碍。
防暑	fáng shǔ	①天气热，你一定要注意防暑。 ②您知道怎样可以防暑降温吗？

学会话

李刚下班回家。

王　丽：你回来啦！你怎么一身的汗？快进屋来凉快凉快。

李　刚：三伏天里天气热得像火炉一样！一到这样的高温天气，人就容易中暑。这不，今天我们就有个同事晕倒了。

王　丽：怎么回事？

李　刚：今天他在室外待的时间有点儿长，再加上饮水不足，就晕倒了。可把我们吓坏了。

王　丽：那怎么办？你们采取急救措施了吗？

李　刚：我们一看他晕倒了，就立马把他转移到阴凉处，解开他的衣服给他散热。有的同事送来冷

　　　　毛巾给他降温，有的同事立即拨打急救电话。

王　丽：你们的急救措施做得真不错！

李　刚：多亏了大家齐心协力，晕倒的同事没什么大碍。

王　丽：这真是"人心齐，泰山移"。不过，在这高温
　　　　天气里，咱们真得注意防暑降温。

李　刚：对，还得多学习一些急救知识。

做练习

一、说一说

1. 根据情景完成会话。

（谈论急救话题）

　　A：有人中暑晕倒该怎么办？

　　B：首先，得把人_____。

（谈论突发情况）

　　A：我刚下车就看到有人晕倒了。

　　B：那得立马_____。

2. 根据提示完成会话。

　　A：如果遇到有人突发疾病该怎么办？

　　B：我们应该在第一时间_____。（急救电话）

A：你们的急救措施做得真不错！

B：是啊。_____，_____。

（有的……，有的……）

A：我们可以怎样预防中暑？

B：我们可以_____。

| 多喝水 | 常通风 | 多休息 | 少外出 |

3.请和你的同学一起到教室前面表演前两题的会话。

二、连一连

晕倒　　　　　　zhòng shǔ

中暑　　　　　　jí jiù

急救　　　　　　sàn rè

散热　　　　　　jiàng wēn

降温　　　　　　yūn dǎo

三、写一写

移								
阴								
施								

四、做一做

1. 回家后请和家人模拟课文进行练习，并拍下视频发到班级群里。

2. 请用手机编辑文字"我们有一个同事晕倒了"发到班级群里。

3. 在写字本上写本课生字。

五、读一读

急救小技巧应知道

1. 异物卡喉

如果异物很小，有可能吃点儿蔬菜、馒头、米饭等，就能把异物咽下去；如果异物比较大，在卡得比较浅的情况下，可以用镊子轻轻取出；如果卡得比较深，张嘴不易发现或当事人感觉非常难受，甚至无法说话时，就需要赶紧就医。

2. 晕倒

第一时间拨打 120 急救电话。判断晕倒患者的状态，轻拍其双肩并呼叫患者，看其有无反应，再检查其呼吸和脉搏，确保患者在舒适的状态下等待专业人员的进一步判断和处理。如果患者已经没有任何反应，没有呼吸和脉搏，应立即开始进行心肺复苏，把握"黄金四分钟"。

3. 流鼻血

让出血者低头，身体前倾，张嘴呼吸，并用食指和拇指捏住其鼻翼 10 ~ 15 分钟，向后上方按压，通过压迫的方法止血。还可以对鼻子进行冷敷，帮助止血。

4. 烫伤

立即用自来水冲洗干净烫伤处，把烫伤处放在冷水（不低于

5℃）中浸泡半小时。如果烫伤处已经起泡并破裂，快速冲洗后不要浸泡，可以用凉毛巾进行冷敷。如果隔着衣物烫伤或烧伤，在冷水中轻轻去除外部衣物，并及时就医。如果衣物不好去除，不要强行撕脱，应找医生处理。

5. 被食物噎住

可采用海姆立克急救法。

如果是成人被食物噎住，施救者站在患者身后，一手握拳，拳心向内按压于患者的肋骨下缘和肚脐之间，另一只手握拳，双手急速用力向上冲击，直到患者吐出阻塞物。周围的人应第一时间拨打120。

如果是儿童或婴儿被食物噎住，家长可以让孩子保持俯卧的姿势，并将孩子放在自己弓起的大腿上，让孩子的身体略微前倾；接着，用双臂环抱住孩子两腋，然后突然用力收紧双臂，用左拳虎口向孩子上腹部内上方猛烈施压。

改编自人民网文章《关键时刻别做错，这6个急救误区一定要避开》

扫一扫，听录音

第9单元　应急处理

第3课 ｜ 突发火灾时要沉着冷静

学词语

词语	拼音	例句
消防	xiāo fáng	①接到电话，消防队员火速赶到现场。 ②确保消防安全是一种责任，为己、为家、为他人。
讲座	jiǎng zuò	①您觉得今天的讲座怎么样？ ②我们社区每年会举办各类讲座。
密集	mì jí	①商场是人员密集场所。 ②上海是一座人口密集的城市。
关键	guān jiàn	①国民健康是国家繁荣昌盛的关键。 ②急救知识在关键时刻可以挽救人们的生命。
逃生	táo shēng	①学校组织学生开展地震逃生演练。 ②发生火灾时，我们要利用安全出口逃生。
手册	shǒu cè	①这是一本自救宣传手册。 ②请问哪里可以领取手册？
沉着	chén zhuó	①虽然情况紧急，但是我们仍然要沉着冷静。 ②答卷时要沉着冷静，遇到难题也不要着急。
慌张	huāng zhāng	①遇到险情要沉着，不要慌张。 ②大家不要慌张，请跟我快速离开这里。
自救	zì jiù	①遇到危险时，我们要积极自救。 ②在急救过程中，我们不仅要自救，还要互救。

词语	拼音	例句
火势	huǒ shì	①辛亏消防员及时赶到，火势才得以控制。 ②火势不大时，我们可以自己采取正确的方法扑灭。
尽量	jǐn liàng	①我们要尽量做到人尽其才，物尽其用。 ②工作再忙，学习时间还是要尽量保证。

学会话

王丽在社区服务中心参加完活动后，回到家中。

王　丽：今天我去参加社区组织的消防安全知识讲座了，学到了不少知识。

李　刚：真不错！社区人员密集，学习消防安全知识对我们来说很有必要。

王　丽：是啊，要是掌握消防安全知识的话，我们可以在关键时刻顺利逃生。你看，社区还给我们发了宣传手册。

李　刚：我看看……"遇到突发火灾时要沉着冷静，不能慌张，要采取必要的自救措施。"

王　丽：如果火势较大，我们可以用湿毛巾等物品捂住口鼻，身体尽量贴近地面，要往安全出口方向移动，及时拨打119火警电话。

李　刚：还要注意发生火灾时不可以乘坐电梯。

王　丽：咱们也得注意家庭用气，做完饭要关好天然气。

同时，也要注意用电安全，做到"人走电断"。

李　刚：另外，咱们家还可以准备一些消防用品，如防

火毯、灭火器、逃生绳等。

王　丽：是啊，防患于未然很重要。

做练习

一、说一说

1. 根据情景完成会话。

（谈论突发情况）

A：遇到突发情况该怎么办？

B：遇事不能＿＿＿＿＿＿＿＿＿，我们得＿＿＿＿＿＿＿＿＿＿＿。

（遇到火灾）

A：你看，二楼着火了！

B：我们快＿＿＿＿＿＿＿＿＿＿＿＿＿＿＿＿＿＿＿＿＿。

2. 根据提示完成会话。

A：高层住宅遇到火灾该怎么办？

B：千万不能＿＿＿＿＿＿＿＿＿＿＿＿＿＿＿＿。（乘坐）

A：学习安全知识很重要啊！

B：当然，＿＿＿＿＿＿＿＿＿，我们可以＿＿＿＿＿＿。

（要是……的话）

A：家中可以准备哪些消防装备？

B：我们可以准备_____。

| 防火毯 | 灭火器 | 逃生绳 | 防烟面具 |

3. 请和你的同学一起到教室前面表演前两题的会话。

二、连一连

消防　　　　　　　　táo shēng

密集　　　　　　　　huāng zhāng

关键　　　　　　　　guān jiàn

逃生　　　　　　　　mì jí

慌张　　　　　　　　xiāo fáng

三、写一写

沉

救

势

四、做一做

1. 回家后请和家人模拟课文进行练习，并拍下视频发到班级群里。

2. 请用手机编辑文字"发生火灾时马上拨打119火警电话"发到班级群里。

3. 在写字本上写本课生字。

五、读一读

火灾应急逃生知识

发生火灾时，一定要保持冷静，并迅速判断火情和安全地点，想方设法尽快撤离险地。如果发生大火，被困在房间内无法脱身，不能盲目地从窗口往下跳，要用湿毛巾捂住鼻子，阻挡烟雾侵袭，想方设法报警求救，并耐心等待救援。穿过浓烟逃生时，尽量使身体贴近地面，并用湿毛巾捂住口鼻。如果是室外着火，门已发烫，千万不要开门，要用浸湿的被褥、衣服等堵塞门窗缝隙，并泼水降温。如果身上着火，千万不要奔跑，可以就地打滚或用厚衣服压灭火苗。

此外，发生火灾时切勿乘坐电梯，因为电梯遇火会发生断电，将人困在其中，而有毒的烟雾会通过电梯井直接威胁被困人员的生命。

怎么做到家庭防火呢？我们要养成良好的生活习惯，及时清理安全通道内的杂物，家中阳台也不要堆放过多杂物；定期清理油烟机上、灶台上的油渍，防止油渍引发火灾；外出时要关闭火源、电源和气源；家中也要准备一些消防装备，如手提式灭火器、防烟面具、消防手电筒、石棉防火毯和救生缓降器等。

发生火灾时，我们要及时拨打 119 火警电话。打通火警电话后，尽量讲清楚着火场所的地址、着火物质、火势大小、是否有人被困等信息；报警后要在路口或较明显的地方指引消防车进入火场。

扫一扫，听录音

改编自科普中国网文章《如果遇到火灾，该如何逃生？》

第9单元 应急处理

第4课 | 发生交通事故后别惊慌

第4课时

学词语

词语	拼音	例句
行车	xíng chē	①行车一定要遵守交通规则。 ②爸爸安全行车两万公里，没有发生过交通事故。
状况	zhuàng kuàng	①现在现场状况怎么样？ ②他聪明机灵，不论遇到哪种状况，都能随机应变。
谨记	jǐn jì	①我们要将安全知识谨记在心中。 ②每个人都应当谨记，我们只有一个地球。
并线	bìng xiàn	①如果想并线，我们要提前打灯。 ②随意并线、乱按喇叭都是不文明的驾车行为。
驾车	jià chē	①驾车时，我们必须系好安全带。 ②交通法有明确规定，酒后不能驾车。
现场	xiàn chǎng	①消防队员从车祸现场抢救出伤者。 ②接到求救电话后，救护车迅速赶往现场。
放置	fàng zhì	①公路上不能随意放置障碍物。 ②遇到紧急停车，如何正确放置三角警示牌？
警示	jǐng shì	①交通事故警示我们，要遵守交通规则。 ②警示标牌是指警告车辆、行人注意危险地点的标志。

词语	拼音	例句
标牌	biāo pái	①前方有限速标牌。 ②我们要了解每一个交通标牌的意思。
避让	bì ràng	①请过往车辆及时避让。 ②机动车应主动避让行人，以免发生危险。
横穿	héng chuān	①我们乘卡车横穿沙漠。 ②我们决不能在红灯时横穿马路。

学会话

李刚和同事谈论单位组织的交通安全知识教育活动。

李　刚：随着车辆的增多，交通安全真的是越来越重要了。

同　事：俗话说得好，交通安全无小事。行车规范得时刻谨记！

李　刚：是啊，开车前要检查好车辆状况，系好安全带；下车开车门前观察后方有没有来车。

同　事：开车时要礼让行人，并线一定要提前打灯，不能接打手机，更不能酒后驾车。

李　刚：这些规矩一定要遵守。还有，发生交通事故后别惊慌。

同　事：对。发生事故后要先停车并保护好事故现场，要在车后放置警示标牌，打开双闪灯提醒他人避让，并及时拨打 122 交通事故报警电话。

李　刚：此外，行人也要遵守交通规则。行人应走人行道，过马路时要走斑马线，不能横穿马路和闯红灯。

同　事：所以说，交通安全需要每个人的维护。

李　刚：对，咱们把今天的讲座内容给家人也讲讲。

同　事：好主意！我们把安全知识带回家！

做练习

一、说一说

1. 根据情景完成会话。

（路上行车时）

A：注意前面斑马线上有行人！

B：看到了，我们要＿＿＿＿＿＿＿＿＿＿＿＿＿＿＿。

（遇到交通事故）

A：你看，有人受伤了！

B：我们快＿＿＿＿＿＿＿＿＿＿＿＿＿＿＿＿。

2. 根据提示完成会话。

A：开车前，我们要做哪些准备？

B：比如＿＿＿＿＿＿＿，＿＿＿＿＿＿＿＿。（检查、系）

A：我们该如何处理简单的交通事故？

B：我们要先＿＿＿＿＿＿＿＿，然后＿＿＿＿＿＿＿＿＿＿＿，

再＿＿＿＿＿＿＿＿＿＿＿＿＿＿＿＿。（停、标牌、报警）

A：行车安全很重要。

B：当然！开车时不能＿＿＿＿＿＿＿＿，不能＿＿＿＿＿＿＿＿。

| 接打手机 | 随意变道 | 疲劳驾驶 | 酒后驾车 |

3. 请和你的同学一起到教室前面表演前两题的会话。

二、连一连

现场　　　　　　　bì ràng

谨记　　　　　　　xiàn chǎng

礼让　　　　　　　jǐn jì

标牌　　　　　　　lǐ ràng

避让　　　　　　　biāo pái

三、写一写

刻								
停								
警								

四、做一做

1. 回家后请和家人模拟课文进行练习，并拍下视频发到班级群里。

2. 请用手机编辑文字"开车时要礼让行人，不能接打手机，更不能酒后驾车"发到班级群里。

3. 在写字本上写本课生字。

五、读一读

发生交通事故如何自救

1. 被卡车内

如果车门因变形或其他原因无法打开，应考虑从车窗逃生。如果伤势比较严重且出血量大，可用力按压出血点以止血。

2. 撞击失火

司机要立即熄火停车，切断油路、电源，让车内人员有秩序地下车。如果车辆经碰撞后变形，车门无法打开，可以从前后或两侧的车窗逃生。万一身上着火，可以下车后就地打滚，边滚边脱去着火衣物。切记不可张嘴深呼吸或高声呼喊，以免烟火灼伤上呼吸道。

3. 车辆追尾

当主要碰撞方位不在司机一侧时，司机应双手紧握方向盘，两腿向前蹬直，身体后倾，保持身体平衡，以免在车辆撞击时头部撞到挡风玻璃；如果主要碰撞方位在司机一侧或撞击力度过大，司机应迅速躲离方向盘，并将两脚抬起，以免受到挤压。

4. 车辆倾翻

车辆倾翻时，司机应抓紧方向盘，用两只脚钩住踏板，身体随车体旋转。车内乘客应趴到座椅上，抓住车内固定物体，使身体稳稳地夹在座椅中。若被甩出车外，落地时应双手抱头，顺势滚动或奔跑一段距离，避免受到二次伤害。

5.车辆落水

如果水比较浅且未全部淹没车辆，应设法从门窗处离开车辆；如果水较深，不要急于打开车门与车窗玻璃，此时车厢内氧气可供司机和乘客维持几分钟。车内人员不要急于将头部伸出车窗，应迅速用力推开车门或玻璃，再浮出水面。

改编自黑龙江省应急管理厅官网文章《交通事故 自救要点》

扫一扫，听录音

第 5 课 | 第一时间进行应急处理

第 5 课时

学词语

词语	拼音	例句
居家	jū jiā	①即使是居家，我们也要注意家庭环境卫生。 ②市民无论是居家还是外出，都要注意防火防盗。
难免	nán miǎn	①人生难免遭遇挫折，我们要经得起考验。 ②年轻人经验不足，工作中难免出现差错。
空白	kòng bái	①他的研究成果填补了这个领域的空白。 ②一着急，他什么都忘了，脑子里一片空白。
错过	cuò guò	①遇事不果断，往往会错过机会。 ②妈妈每天走得很早，生怕错过单位的班车。
应急	yìng jí	①我们要提高防灾避险应急本领。 ②安不忘危，我们应该做好应急预案。
判断	pàn duàn	①驾驶员要提前观察并判断危险情况。 ②正确的判断来自对情况的全面了解。
盲目	máng mù	①盲目救援不可取，智慧救援很重要。 ②没有目标就盲目地行动是不会取得好结果的。
操作	cāo zuò	①这个机器的操作很简单。 ②工人严格地按照规定的生产程序进行操作。
糟糕	zāo gāo	①事情并没有想象中那么糟糕。 ②不管情况有多么糟糕，都不能放弃希望。

词语	拼音	例句
畅通	chàng tōng	①我们要保证消防通道畅通。 ②我们一路畅通，很快到了目的地。
抵达	dǐ dá	①飞机按时抵达目的地。 ②救援人员迅速抵达现场。
等待	děng dài	①旅客安静地等待下一班列车的到来。 ②除夕夜，家家户户倒计时等待零点的钟声响起。

学课文

　　不论是居家、出行，还是在工作中，我们难免会遇到一些突发状况。状况发生时，很多人会大脑一片空白，心跳加速，不知所措，甚至会错过黄金救援时间。殊不知，第一时间进行应急处理是非常重要的。做好应急处理不仅可以救己，还可以救人。那么，我们该如何进行应急处理呢？

　　在遇到危情时，我们要时刻保持冷静，第一时间准确判断现场情况，避免盲目操作。盲目操作只会使情况越来越糟糕。同时，要在第一时间拨打急救电话，尽量说清楚时间、地点、现场情况等信息，并与救援人员保持电话畅通。在救援人员抵达前，逃到安全地点等待新的指令。

此外，我们还要掌握一些急救和安全逃生技能来提高自己的应急处理能力，如心肺复苏的方法、海姆立克急救法、骨折固定和特殊伤处理方法等。

做练习

一、说一说

1.完成会话。

A：做好应急处理很重要。

B：当然，_____，_____。

（不仅……，还……）

A：遇到突发状况时，我们该怎么办？

B：_____。（第一时间）

A：拨打救援电话时，我们要注意哪些事情？

B：_____，_____。

（准确、时间、地点、现场情况、畅通）

A：我们该如何提高应急处理能力？

B：_____。

（掌握、急救、逃生、技能）

2.请和你的同学一起到教室前面表演前一题的会话。

二、写一写

1.给下列词语标拼音。

（　　　　）　　（　　　　　）　　（　　　　　）　　（　　　　　）

　　补办　　　　　标牌　　　　　加急　　　　　中暑

（　　　　）　　（　　　　　）　　（　　　　　）　　（　　　　　）

　　晕倒　　　　　急救　　　　　消防　　　　　逃生

（　　　　）　　（　　　　　）　　（　　　　　）　　（　　　　　）

　　现场　　　　　尽量　　　　　礼让　　　　　谨记

2.看拼音写字。

　jǐng　　　　　　wēn　　　　　kuai　　　　　jià

（　　　）示　　高（　　　）　　凉（　　　）　　（　　　）车

　jiù　　　　　　ān　　　　　　kè　　　　　　chuān

自（　　　）　　（　　　）全　　时（　　　）　　横（　　　）

　tū　　　　　　pàn　　　　　　dá　　　　　　néng

（　　　）发　　（　　　）断　　抵（　　　）　　技（　　　）

3.在写字本上写本单元的生字。

三、答一答

1.谈一谈如何补办身份证。

2.谈一谈如何抢救中暑病人。

3.谈一谈发生火灾时的逃生方法。

4.谈一谈发生交通事故时的应急处理方法。

5.你知道哪些紧急求助电话号码？

扫一扫，听录音

215

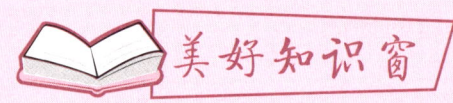 美好知识窗

紧急求助电话

在生活中难免会遇到突发的紧急情况，比如疾病、火灾、车祸等。遇到紧急情况，我们应该第一时间拨打紧急求助电话。那么，常用的紧急求助电话有哪些呢？

公安报警	110
火警	119
交通事故报警	122
医疗救助	120
森林火警	95119
水上救援	12395
红十字会急救台	999

无论是自然灾害、事故灾难，还是突发疾病，在生活中都属于紧急情况，在拨打紧急求助电话时，应做到迅速、准确、简练地告知对方必要的信息。

误拨打紧急求助电话后，不要马上挂断，应该等待接通后向接警员说清楚情况。因为接警员发现有未接通的报警电话时，为确认情况会进行回拨询问，这样不但会增加接警员的工作量，也会占用资源。所以，如果误拨打紧急救助电话也不用慌张，等待电话接通后及时跟接警员解释清楚即可。

第 10 单元　智能时代

第 1 课 | 它是个智能音箱

学词语

词语	拼音	例句
包装	bāo zhuāng	①这个包装礼盒真漂亮。 ②这款产品怎么换包装了？
智能	zhì néng	①现在很多人都用智能手机。 ②近些年，人工智能的发展尤为引人注目。
音箱	yīn xiāng	①这款音箱的音质很好。 ②我要给我的电脑配一个音箱。
播放	bō fàng	①上课前，老师给学生们播放了一段视频。 ②这个智能音箱可以连接手机播放音乐。
交流	jiāo liú	①我们应该多花点儿时间跟家人交流。 ②你遇到什么问题，可以随时找我交流。
拆	chāi	①你帮我把包装盒拆开吧。 ②这一片的老房子都要拆，听说这儿要建大型购物中心。
获取	huò qǔ	①很多人都在网上获取信息。 ②你知道哪些获取知识的途径？
神奇	shén qí	①这本书里写了很多神奇的故事。 ②魔术师太神奇了，总能变出很多东西来。

学会话

王丽拿着一个白色的盒子。

王　丽：亮亮，今天是你的生日，你看妈妈给你准备了
　　　　什么礼物？

亮　亮：看这个包装，好像是个台灯吧？

王　丽：猜错了。这个礼物可不一般，它是个智能音箱。

亮　亮：智能音箱？能自动播放音乐吗？

王　丽：它不仅能播放音乐，还会说话，可以跟我们交
　　　　流。咱们打开它，试一试。

亮　亮：好啊，我帮您拆包装。

王　丽：我来给它插上电、连上网，这样，它就能获取
　　　　信息了。

亮　亮：获取什么信息？

王　丽：只要网上有的信息，它都知道。比如你遇到了
　　　　学习上的问题，可以向它提问。

亮　亮：那我试试。音箱、音箱，"兴高采烈"是什么
　　　　意思？

音　箱："兴高采烈"的意思是兴致很高，情绪很热烈。

亮　亮：太神奇了！有了智能音箱，您就再也不用担心
　　　　我的学习了！

做练习

一、说一说

1. 根据情景完成会话。

（安装智能音箱）

A：这个音箱＿＿＿＿＿＿＿＿＿＿＿＿＿＿＿＿＿？

B：说明书上说，＿＿＿＿＿＿＿，这样，它就能＿＿＿＿。

A：好的，我试试。

2. 根据提示完成会话。

A：今天是你的生日，＿＿＿＿＿＿＿＿＿＿＿＿＿＿？

B：是＿＿＿＿＿＿＿＿＿＿＿＿＿＿＿＿＿＿！

智能手机	平板电脑	智能手表	蓝牙耳机
电子阅读器	智能台灯	数码相框	麦克风

3. 请和你的同学一起到教室前面表演前两题的会话。

二、连一连

智能　　　　　　　bō fàng

播放　　　　　　　shén qí

神奇　　　　　　　huò qǔ

交流　　　　　　　zhì néng

获取　　　　　　　jiāo liú

三、写一写

装						
音						
拆						

四、做一做

1. 回家后请和家人模拟课文进行练习，并拍下视频发到班级群里。

2. 请用手机编辑文字"今天是你的生日，我送你一个智能音箱"发到班级群里。

3. 在写字本上写本课生字。

五、读一读

智能音箱——家电中的小可爱

　　说到智能音箱，大家一般会想到它们可爱的名字。不过，即使名字再五花八门，其产品也是升级版的音箱，仍然属于小家电。那么，如今这种走进千家万户的智能小家电有什么特点呢？简而言之，智能音箱最大的特点就是能语音联网，家庭消费者可以通过语音唤醒它，进而使它连接到网络，与网络信息进行交互。比如，消费者可以用它直接语音点播歌曲，或是了解天气情况。当然，智能音箱也是智能家居的关键组件，消费者可以用它对室内设备进行控制。比如，打开窗帘，设置冰箱温度，提前让热水器升温等。

　　智能音箱可以做这么多事，那么，实现这些功能的核心技术是什么呢？答案就是智能语音技术。有了这一技术，人机对话就成为现实，而这一技术的发展使机器在语音对话这一环节拥有了近似人的能力。在此基础上，为了在语音交互过程中实现更加良好的收声效果，还需要使用降噪技术。比如，消费者远距离唤醒智能音箱时，需要消除音箱自身的扬声器发出的声音。

　　近几年，网络通信技术不断迭代，5G 网络不断普及，智能音箱的功能越来越多，其市场销量也大幅提升。为了顺应市场的变化，满足消费者的需求，厂家开始对产品进行升级换代，既包括外观设计的美化和个性化，也包括网络连接稳定性的提升。因此，智能音箱的市场前景被普遍看好。

扫一扫，听录音

第 10 单元　智能时代

第 2 课｜我们家安了智能门锁

学词语

词语	拼音	例句
巧	qiǎo	①真巧，你也来这儿旅游！ ②真不巧，明天下午我要开家长会，咱们换个时间吧。
门锁	mén suǒ	①我家安了智能门锁。 ②你把钥匙落在门锁上了。
远程	yuǎn chéng	①远程教育是一种新的教育形式。 ②有了智能门锁，就能实现远程开门了。
高级	gāo jí	①这件衣服的料子很高级。 ②大学教师属于高级知识分子。
一次性	yí cì xìng	①我们要减少使用一次性筷子。 ②我的手机收到了一次性验证码。
空调	kōng tiáo	①夏天如何开空调更省电？ ②夏天，人们离开空调将难以应付高温。
遥控	yáo kòng	①我可以远程遥控电子锁给客人开门。 ②你找什么？电视遥控器还是空调遥控器？
家居	jiā jū	①我喜欢逛家居用品店，买一些生活用品。 ②随着科技的发展，智能家居开始进入人们的生活。
电视	diàn shì	①手机怎么投屏到电视上？ ②电视遥控器按键不灵怎么办？

学会话

王丽的老乡云平带着特产来看她，她们在打电话。

云　平：丽丽，在家吗？我今天进城办事，顺便给你带了点儿东西。

王　丽：谢谢云平。真不巧，我在单位呢，现在有事走不开。你到哪儿了？

云　平：周末还加班啊？我都到你家门口了。怎么办呢？我把东西放门口吧？

王　丽：没事，我们家安了智能门锁，我可以给你远程开门。

云　平：这么高级啊！那得怎么操作啊？

王　丽：我现在给你手机发一条短信，里面是一次性开门密码。

云　平：收到了。我输入密码就能开门了，是吧？

王　丽：对。你先进屋坐一会儿，我把空调打开。

云　平：空调也能远程遥控吗？

王　丽：是啊，有了智能家居，无论在哪儿，都能用手机操作。你想看电视吗？我给你打开。

云　平：哈哈，这个还是别麻烦手机了，我自己动手吧。

做练习

一、说一说

1. 根据情景完成会话。

（打电话）

A：你在家吗？我今天_____。

B：真不巧，我_____，_____。

（A给B打电话，告诉他怎么远程操作开锁）

A：你已经到门口了吗？

B：_____。你告诉我怎么操作吧。

A：我先_____，然后_____。

B：好了，门已经打开了。

2. 请和你的同学一起到教室前面表演前一题的会话。

二、连一连

家居   yáo kòng

空调   jiā jū

遥控   yuǎn chéng

远程   kōng tiáo

门锁   mén suǒ

三、写一写

巧							
级							
性							

四、做一做

1. 回家后请和家人模拟课文进行练习，并拍下视频发到班级群里。

2. 请用手机编辑文字"我现在给你的手机发一条短信，里面是一次性开锁密码"发到班级群里。

3. 在写字本上写本课生字。

五、读一读

妈妈再也不担心忘记带钥匙了

你在生活中是否也遇到过这样的事情？你正在上班，妈妈突然打来一个电话，慌里慌张地告诉你，她和老爸出门没带钥匙，现在进不了门，要你赶快回家送趟钥匙。有的年轻人自己也经常忘带钥匙。这可是生活中的老大难问题了。但在智能时代，这根本不算什么难事。我们可以给家里换个智能门锁。智能门锁是相对于传统的机械锁而言的，它也是在机械锁的基础上研制的。智能门锁控制方案中对门锁的嵌入式开发是比较重要的一步，有了嵌入式 Wi-Fi 模块，才能在硬件上实现无线数据转换以及无线控制。

现在市场上最常见的智能门锁是电子指纹锁，它可以通过指纹、密码、刷卡和机械钥匙等四种开锁方式实现开门入户。其中，指纹锁可以录入多人指纹，开锁时智能识别，只要是系统中录入过的指纹，都能够轻松开锁。另外，这种门锁还能设置密码，有开锁卡和机械钥匙，这样，万一指纹识别失败，还有其他方法可以开锁入户。

除此以外，市场上还有一种智能门锁，其安全性和智能化水平更高。这种智能门锁具有电子指纹锁的全部功能，同时增加了联网功能，能够实现远程操控。比如，家里没人的时候来了客人，我们可以通过手机软件生成开锁密码，发送给客人，密码即时生效，客人就可以开锁入户，稍事休息，等主人回家。

随着网络通信技术的发展，智能门锁会越来越普及。尤其是有老人的家庭，安装智能门锁，录入老人指纹，实现指纹开锁，这样妈妈就再也不用担心忘记带钥匙了。

扫一扫，听录音

第 10 单元　智能时代

第 3 课 ｜ 进入虚拟实验室

学词语

词语	拼音	例句
化学	huà xué	①居里夫人是著名的化学家。 ②我最喜欢化学课了，感觉课上的实验很神奇。
实验	shí yàn	①我要去一趟实验室。 ②同学们都认真地看着化学老师做实验。
立体	lì tǐ	①这个音箱具有立体的音效。 ② 3D 电影能呈现出具有立体感的画面。
造成	zào chéng	①错误的实验操作会造成很严重的后果。 ②连续几天的暴雨给大家造成了很大的损失。
材料	cái liào	①装修需要核算材料的成本。 ②研究员研发了新的航天材料。
一举两得	yì jǔ liǎng dé	①是谁想出这个一举两得的好办法的？ ②骑自行车既锻炼了身体，又节省了能源，真是一举两得。
视频	shì pín	①这条短视频在网上火起来了。 ②剪辑视频是多媒体运营岗位的基本工作。

学会话

王丽在跟女儿视频聊天儿。

王　丽：小云，最近怎么样啊？学习还顺利吧？

小　云：都挺好的。这学期我上了一门课，特别有意思。

王　丽：什么课啊？

小　云：叫虚拟化学实验，是戴着VR眼镜上的课。

王　丽：VR眼镜？什么是VR眼镜？

小　云：VR是虚拟现实的意思。戴上这个眼镜，你就好像进入了一个虚拟的环境中，看到的东西都是立体的。

王　丽：是吗？那戴上这个眼镜有什么用呢？

小　云：用处可大了，比如说，我们以前需要到实验室做实验，现在戴上VR眼镜，使用一种软件，就可以进入虚拟实验室，在那里完成实验。这样一来，既节省了实验材料，也避免了错误操作造成的危险后果。

王　丽：这可真是一举两得的好事。

小　云：是啊。随着VR技术的发展，以后我们视频聊天儿的视觉效果会更好的。

做练习

一、说一说

1.根据情景完成会话。

（用手机聊天儿）

A：你最近怎么样？_____还顺利吧？

B：_____，你怎么样啊？

A：_____。我们打开_____，见一面。

（在电子产品店）

A：什么是 VR 眼镜？

B：VR 眼镜就是_____。

A：有什么用呢？

B：_____，比如说，_____。

2.请和你的同学一起到教室前面表演前一题的会话。

二、连一连

立体　　　　　　　lì tǐ

化学　　　　　　　zào chéng

造成　　　　　　　huà xué

材料　　　　　　　shì pín

视频　　　　　　　cái liào

三、写一写

化						
举						
实						

四、做一做

1. 回家后请和家人模拟课文进行练习，并拍下视频发到班级群里。

2. 请用手机编辑文字"随着 VR 技术的发展，以后我们视频聊天儿，视觉效果会更好的"发到班级群里。

3. 在写字本上写本课生字。

五、读一读

认识一下机器人手术

2014 年 3 月 26 日，一名 44 岁的患者因上腹疼痛伴恶心呕吐，到中南大学湘雅三医院急诊就医。入院后，医生诊断这名患者得了胃穿孔、弥漫性腹膜炎。当日这名患者在全麻状态下接受了"腹腔镜探查＋手术机器人辅助胃穿孔修补术"。手术过程顺利，患者术后身体状况恢复良好。

机器人手术听起来有些不可思议。不过，它已经在临床中有了大量的应用案例。机器人手术系统是集多项现代高科技于一体的综合体。有了它，外科医生可以远离手术台操纵机器进行手术。那么，手术如何进行呢？医生利用机器人做手术时，双手无需碰触患者，只要先把切口位置确定下来，剩下的工作就可以交给机器人了。机器人装有灵活、敏捷的机械臂，而且机械臂上装有照相机和其他外科手术工具。外科医生只需坐在控制台前，指导机器人的机械臂实施切断、止血及缝合等动作，同时密切观测机械臂的工作情况。

与医生亲自开刀的传统外科手术相比，机器人做手术出血量少、创伤小、疼痛度低、精确度高。因此，机器人做手术可以大大缩短患者的住院和康复时间。

机器人手术完全不同于传统手术，手术机器人在世界微创外科领域是当之无愧的革命性外科手术工具。

扫一扫，听录音

第 10 单元　智能时代

第 4 课 | 很多公司在发展自动驾驶技术

学词语

词语	拼音	例句
成熟	chéng shú	①自动驾驶技术已经比较成熟了。 ②我的想法还不太成熟，我再考虑一下。
要命	yào mìng	①马上就要考试了，我紧张得要命。 ②我从早上到现在什么都没吃，饿得要命。
定位	dìng wèi	①你的手机打开定位功能了吗？ ②人工智能和定位系统是无人驾驶汽车的重要技术。
特定	tè dìng	①利用网络查找特定信息的速度非常快。 ②无人驾驶汽车已经在特定的道路上进行测试了。
下岗	xià gǎng	①下岗也不要着急，学习新本领，可以再就业。 ②当机器人可代替人工作时，人就只能下岗了。
本领	běn lǐng	①学生的任务是学好知识，练好本领。 ②有真本领的人无论走到哪儿，都会得到重用。
取代	qǔ dài	①用虚拟实验取代真实实验，可以避免危险。 ②你说的这些情况，我们可以参考，但是不能取代调查程序。

学会话

王丽刚看完电视，在跟李刚聊天儿。

王　丽：我刚才看电视，听说很多公司都在大力发展自动驾驶技术。

李　刚：是啊，我们公司的同事最近也在讨论自动驾驶汽车。

王　丽：现在技术成熟了吗？如果我坐在自动驾驶汽车里，肯定紧张得要命。

李　刚：放心吧，这项技术已经发展好几年了，人工智能和定位系统可以保证汽车在无人操作的情况下自动、安全地行使。

王　丽：现在自动驾驶汽车能上路了吗？我好像还没看到过啊。

李　刚：在一些特定的道路上，已经进行实际测试了。估计用不了几年，你出门就能看到了。

王　丽：到时候咱们也买一辆，回老家时，你就不用那么辛苦了。

李　刚：是啊，那时候不仅回家不用开车了，平时工作也没有车开了，我就下岗了。

王　丽：看来你得学点儿新本领，准备再就业了。

李　刚：不光我们司机，其他职业也可能被智能技术取代，我们都得不断学习，才能跟得上时代的发展啊！

做练习

一、说一说

1. 根据情景完成会话。

（聊智能技术）

A：以后有了无人驾驶汽车，＿＿＿＿＿＿＿＿＿＿＿＿＿＿＿＿。

B：不光司机，＿＿＿＿＿＿＿＿＿也可能被智能技术所取代。

A：那这些人该怎么办呢？

B：＿＿＿＿＿＿＿＿＿＿＿＿＿＿＿＿＿＿＿＿＿＿＿＿。

2. 根据提示完成会话。

A：大家好，这是我们公司新研发的＿＿＿＿＿＿＿。（智能）

B：它可以做什么？

A：＿＿＿＿＿＿＿＿＿＿＿＿＿＿＿＿＿＿＿。（取代）

售货员	服务员	快递员	银行出纳员
保姆	客服	翻译	工人

3. 请和你的同学一起到教室前面表演前两题的会话。

二、连一连

取代　　　　　　　chéng shú

成熟　　　　　　　běn lǐng

本领　　　　　　　qǔ dài

定位　　　　　　　tè dìng

特定　　　　　　　dìng wèi

三、写一写

命

岗

代

四、做一做

1. 回家后请和家人模拟课文进行练习，并拍下视频发到班级群里。

2. 请用手机编辑文字"我们都得不断学习，才能跟得上智能时代的发展"
   发到班级群里。

3. 在写字本上写本课生字。

五、读一读

自动驾驶让你安心做乘客

2019 年 10 月，一名新华社记者怀着忐忑不安的心情乘坐了一辆自动驾驶汽车，进入了繁华的街道。不过，随着汽车的前行，记者不再紧张，心情慢慢平复下来。下车之后，记者表示整个试乘过程安全、平稳、舒适。由此看来，作为智能时代的新鲜产物，自动驾驶汽车给人的乘坐体验是很好的。

看到记者的乘车情景，很多人不禁会问：自动驾驶汽车是如何实现无人操控、自主行进的呢？这要归功于现代高端科技的发展。自动驾驶汽车依靠人工智能、视觉计算、雷达、监控装置和全球定位系统协同合作，通过电脑计算，实现自动操作。

　　一般而言，自动驾驶汽车的车顶有一个水桶形状的装置，它是激光雷达，能够对半径60米的周围环境进行扫描，并将结果以3D地图的方式呈现出来，提供给计算机作为初步判断的依据。汽车的后视镜附近有一个摄像头，用于识别交通信号灯、辨别车辆和行人等移动体。汽车的后轮装有传感器，它通过测定汽车的横向移动来帮助电脑给汽车定位，帮助它处于马路上的正确位置。另外，汽车前方装有3个雷达传感器，后方还装有1个，它们可以用于测量汽车与前后左右各个物体间的距离。当然，最终雷达、摄像头和传感器等获得的信息会全部传输至主控电脑，而位于后车厢的主控电脑负责判断汽车的行驶路线、方式，执行驾驶程序等。

扫一扫，听录音

第 10 单元　智能时代

第 5 课 | 机器会取代人吗

学词语

词语	拼音	例句
高精尖	gāo jīng jiān	①智能机器人的研发属于高精尖领域。 ②在政府的高度重视下，本市的高精尖技术获得长足发展。
替代	tì dài	①他对公司的发展具有不可替代的作用。 ②自动驾驶技术越来越成熟，司机的工作将被替代。
琐碎	suǒ suì	①家务事都是一些琐碎的小事。 ②秘书的工作虽然十分琐碎，但非常重要。
失业	shī yè	①这场金融风暴已经造成数万人失业。 ②随着经济的发展，社会失业人口数量逐年下降。
杞人忧天	qǐ rén yōu tiān	①总是担心还没发生的事，这不是杞人忧天吗？ ②只要做好充分的准备，就不怕突发事件，不必杞人忧天。
概率	gài lǜ	①天气预报说今天的降水概率为 80%。 ②按照目前的状态，这场比赛后，这支球队大概率会被淘汰。
诚惶诚恐	chéng huáng chéng kǒng	①心里的欲望太大，就会每天过得诚惶诚恐。 ②参加面试时，刚毕业的学生表现得小心翼翼、诚惶诚恐。

词语	拼音	例句
为人所用	wéi rén suǒ yòng	①我们要多读书，还要多参加实践，让书本上的知识为人所用。 ②妈妈把家里不穿的旧衣物放进了回收箱，希望它们重新为人所用。
承担	chéng dān	①这件事是我没有做好，后果由我承担。 ②政府已经承担了修路、架桥的全部费用。
价值	jià zhí	①我们应该努力工作，实现人生价值。 ②机器人的价值在于提高了人类的工作效率。

学课文

随着人工智能技术的不断发展，各行各业都出现了机器人的身影。上到高精尖的医疗行业，机器人替代医生进行手术；下到日常、琐碎的服务行业，机器人可以送餐、做导购。生活中，我们享受着人工智能带来的便利和舒适。但是，当人工智能"侵入"传统行业，我们也难免担忧，工作都被机器人取代，会不会造成大量人员失业？机器会取代人吗？

这种担忧并非杞人忧天。根据很多机构的研究，将来很多职业会被机器人取代，比如电话推销员、打字员、接线员、会计、保险业务员、银行职员和公司前台等，这些职业被取代的概率高达 95% 以上。

尽管如此，我们也不必诚惶诚恐。从古至今，人类为了提升自身的能力，不断地创造新的工具，用汽车、飞机代替了双腿，用手机、摄像机代替了喉咙和眼睛，但是它们都只能为人所用。人工智能是一种技术，机器人也是一种工具，它不会取代人类，更不会控制人类。

不过，在安心享受智能时代红利的同时，我们应该思考一下，哪些工作只有人类才能承担，是机器人无法替代人类操作的。一般而言，相比于机器来说，我们更相信人的判断，相信当面交谈的作用。即使机器做出十分准确的分析，我们仍然不喜欢冷冰冰的数据生成的结论。因此，那些和人际交往有关、更有人情味儿的工作，只能由人类承担。面对人工智能的冲击，我们不仅要重视科技，更应该发挥人类的特性，注重人际交往的价值。

做练习

一、说一说

1.完成会话。

　　A：现在智能手机能做的事情可真多。

　　B：是啊，_____，_____。

　　　（不仅……，还……）

A：听说你家安了智能门锁，怎么样啊？

B：_____，_____。

（无论……，都……）

A：VR 技术有什么应用呢？

B：_____，_____。

（既……，也……）

A：你跟智能机器人交流过吗？

B：_____，_____。

（不但……，而且……）

2. 请和你的同学一起到教室前面表演前一题的会话。

二、写一写

1. 给下列词语标拼音。

（　　　　）　（　　　　）　（　　　　）　（　　　　）

智能　　　　播放　　　　遥控　　　　概率

（　　　　）　（　　　　）　（　　　　）　（　　　　）

难免　　　　琐碎　　　　本领　　　　价值

（　　　　）　（　　　　）　（　　　　）　（　　　　）

成熟　　　　替代　　　　造成　　　　承担

2. 看拼音写字。

　　bāo　　　　　　chāi　　　　　　　qiǎo　　　　　　　jí

（　　　）装　　　（　　　）开　　　真不（　　　）　　高（　　　）

　　　　xìng　　　　huà　　　　　　　　zuò　　　　　　　mìng

一次（　　　）　（　　　）学　　操（　　　）　　要（　　　）

　　　shī　　　　　　　gǎng　　　　　　jiān　　　　　jǔ

（　　　）业　　　下（　　　）　　高精（　　　）　一（　　　）两得

3. 在写字本上写本单元的生字。

三、答一答

1. 你有哪些智能设备？

2. 介绍一个你知道的智能家居设备。

3. 分享一个你喜欢用的手机软件。

4. 你觉得机器人能帮人做哪些事？

5. 智能时代，技术的发展给我们带来了哪些好处？可能会出现哪些问题？

扫一扫，听录音

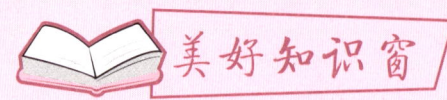
美好知识窗

5G 生活

智能时代，广告里天天在说 5G 生活，电信运营商不断推出 5G 合约套餐，移动服务营业厅的业务员最爱问的就是要不要 5G 电话卡……5G 已经不是一个新名词了，但它到底是什么意思呢？其实，它指的是第五代移动通信技术。

移动通信技术从 1G、2G、3G、4G 到如今的 5G，每一次代际跃进都极大地促进了产业升级和经济社会发展。从 1G 到 2G，实现了模拟通信到数字通信的过渡，使得移动通信走进了千家万户；从 2G 到 3G 再到 4G，实现了语音业务到数据业务的转变，传输速率大幅提升，使移动互联网融入社会生活的方方面面。随着 4G 网络的普及，新服务、新业务大量涌现，移动数据业务流量爆炸式增长，5G 新一代移动通信系统应运而生。

5G 能够为用户提供虚拟现实和超高清视频等更加身临其境的通信体验，还能够解决人与物、物与物的通信问题，满足移动医疗、车联网和自动驾驶，以及智能家居和智慧城市等物联网应用需求。它将成为数字化、网络化、智能化经济社会的重要支撑，也会深刻影响和改变现代人的生活方式。

你的手机是 5G 的吗？你体验过哪种 5G 智能生活？可以跟大家分享一下。